方志敏精神
永放光芒

游德馨◎主编

海峡出版发行集团
THE STRAITS PUBLISHING & DISTRIBUTING GROUP
福建人民出版社

图书在版编目（CIP）数据

方志敏精神永放光芒 / 游德馨主编. -- 福州：福建人民出版社, 2025. 3. -- ISBN 978-7-211-09824-8

Ⅰ. K827=6

中国国家版本馆CIP数据核字第20252C4Y50号

方志敏精神永放光芒
FANG ZHIMIN JINGSHEN YONGFANGGUANGMANG

主　　编：游德馨
责任编辑：满　艺
美术编辑：王　玮
责任校对：陈　璟
出版发行：福建人民出版社　　电　　话：0591-87604366(发行部)
地　　址：福州市东水路76号　　邮　　编：350001
网　　址：http://www.fjpph.com　　电子邮箱：fjpph7211@126.com
经　　销：福建新华发行（集团）有限责任公司
印　　刷：福州德安彩色印刷有限公司
地　　址：福州市金山浦上工业区B区42幢
开　　本：787毫米×1092毫米　1/16
印　　张：13.25
字　　数：117千字
版　　次：2025年3月第1版　　2025年3月第1次印刷
书　　号：ISBN 978-7-211-09824-8
定　　价：78.00元

《方志敏精神永放光芒》编委会

序　言

《方志敏精神永放光芒》一书是福建省政协原主席游德馨生前主编的，书中所收集的文章都是他精心挑选、经过党史专家审定的。方志敏同志在敌人重重包围、严密封锁、极其艰难的环境中，巧妙地创造性地建立闽浙赣革命根据地（早期称赣东北根据地）。这是土地革命战争时期全国著名的苏维埃区域之一，被毛泽东同志誉为“方志敏式”的革命根据地。

方志敏同志担任闽浙赣省苏维埃政府主席、闽浙赣省委书记期间，在军事、政治、经济等方面都有独特创造，是闽浙赣边区革命斗争史上的一个光辉典范、一面光辉旗帜。方志敏同志不愧是伟大的无产阶级革命家、军事家、杰出的农民运动领袖，他的精神是闽浙赣边区革命精神的集中体现。了解他的光辉革命事迹，阅读他的著名文章，可以得到一种涤荡灵魂的精神洗礼，一种震撼心魄的正气激励。如今，我们已经跨入了新时代，物质生活条件和社会环境都发生了根本性的改变，但这种崇高精神和浩然正气，仍然是我们需要传承发展和弘扬光大的。我们，特别是青少年一代，要从方志敏同志等革命先辈的革命精神、思想品德和理想信念中，汲取勇气、智慧和力量，以实际行动，一步一个脚印地助推中国式现代化宏伟大业的实现。

游德馨同志青年时期参加革命，在从事党的地下工作中，与闽浙赣边区革命史结下深厚情缘，为了下一代的教育，为了青少年的健康成长，年逾九旬仍辛苦操劳，认真阅读大量档案和有关资料，撰写《方志敏与闽浙赣苏区的创立发展和壮大——方志敏赤胆忠心的光辉思想应大力弘扬》一文。

游德馨同志弥留之际，仍惦念《方志敏精神永放光芒》一书出版事宜，并嘱我为之作序。为了宣传方志敏的光辉革命业绩，为了怀念故友，谨以此为序，并望本书早日出版。

王一士

2024 年 8 月

目 录

方志敏与闽浙赣苏区的创立发展和壮大*

——方志敏赤胆忠心的光辉思想应大力弘扬

游德馨

方志敏同志是伟大的无产阶级革命家、军事家、杰出的农民运动领袖，土地革命战争时期赣东北和闽浙赣革命根据地的创建人。方志敏同志的一生，是为民族的解放、人民的幸福，为共产主义事业英勇奋斗的一生。[1]

方志敏、陈昭礼、黄道、徐履峻及其战友们前仆后继、共同创建的闽浙赣革命根据地（早期称赣东北根据地），是土地革命战争时期全国著名的苏维埃区域之一。在闽浙赣苏区的斗争中，方志敏领导苏区军民进行了创造性的工作，特别是在创建和建设根据地方

---

* 本文原载于《福建党史月刊》2020 年第 2 期。

1 胡锦涛：《在纪念方志敏同志诞辰 100 周年座谈会上的讲话》（1999 年 8 月 20 日），载《方志敏全集》，人民出版社 2012 年版，第 1 页。

面积累了一定的实践经验，丰富了毛泽东关于红色武装割据的理论与实践。闽浙赣苏区荣获苏维埃中央政府授予的“苏维埃模范省”[1]光荣称号，被毛泽东誉为“方志敏式”[2]，“有很好创造”[3]，“是我们的巩固的阵地”[4]。

两次入闽作战创建闽浙赣苏区

1927年7月，为了领导以崇安县[5]为中心的闽北人民的反帝反封建斗争，中共中央派遣党中央秘书陈昭礼偕徐履峻、潘超人到闽北恢复党组织。经过紧张而严密的准备工作，中共崇安特别支部（翌年1月扩建为中共崇安县委）成立，徐履峻担任书记。崇安特支成立后，即在崇安、浦城边境发动群众，开展抗捐、抗税、抗租、抗债、抗粮的“五抗”斗争，组织农会，培养积极分子，准备革命力量。1928年1月，中共江西横峰区委书记方志敏在弋阳召

1　方志敏：《我从事革命斗争的略述》（1935年3月），载《方志敏全集》，人民出版社2012年版，第86页。

2　毛泽东：《星星之火，可以燎原》（1930年1月5日），载《毛泽东选集》第1卷，人民出版社1991年版，第98页。

3　毛泽东：《关心群众生活，注意工作方法》（1934年1月27日），载《毛泽东选集》第1卷，人民出版社1991年版，第140页。

4　毛泽东：《关心群众生活，注意工作方法》（1934年1月27日），载《毛泽东选集》第1卷，人民出版社1991年版，第141页。

5　1988年8月，撤销崇安县，设立武夷山市。

开赣东北的弋阳、横峰、贵溪、铅山、上饶五个县党组织的联席会议（即窖头会议）。方志敏传达了八七会议精神并作报告。会议决定成立五县工作委员会，方志敏为书记，邵式平、黄道、方志纯等为委员，并决定农历年关在弋阳、横峰组织农民暴动，通过了武装起义纲领。横峰全县有一半地区，五六万人参加，弋阳九区秋收暴动也迅猛地开展起来，后来人们统称为“弋横暴动”。1928 年 6 月，以磨盘山为中心的赣东北根据地初步形成。同年 9 月 28 日，崇安上梅农民在县委书记徐履峻率领下举行第一次暴动[1]，成立民众局（苏维埃雏形），以上梅为中心，很快由崇安发展到浦城边境，共有 508 个村庄。但是由于闽北反动当局的强力反扑，潜伏的反革命分子阴谋复辟，一些投机分子开始动摇，反动豪绅带领民团偷袭民众局机关，徐履峻英勇就义。历时 30 天的农民暴动受到挫折。第二次上梅暴动于 1929 年 1 月举行，比第一次规模更大、范围更广，总指挥是中共崇安县委第二任书记陈耿。此后，红色区域不断扩大，群众武装——崇安民众队发展到 16 支，2000 多人，500 多支枪。

1　上梅暴动是大革命失败后，中共崇安县委于 1928 年 9 月和 1929 年 1 月先后两次领导发动的以上梅为中心的崇安浦城农民武装暴动的简称。上梅暴动打响了闽北人民武装反抗国民党反动统治的第一枪，开创了闽北党组织独立领导武装斗争的先河，是党的八七会议后在全国发动的一系列武装暴动的一部分，创建了闽北第一块革命根据地。

1929年10月，红五十五团成立，崇安县广大青壮年积极参加红军。1930年，趁着福建本地军阀卢兴邦与刘和鼎发生内斗，抽走大部分兵力，崇安县内空虚，崇安县委抓住机会，1个月内占领了3个大乡镇和大部分乡村，红五十五团由原来的500人、100多支枪，发展到1200多人、700多支枪，自上而下建立了区乡苏维埃。5月1日，崇安县苏维埃宣告成立，下辖18个区苏维埃、243个乡苏维埃，人口20多万。崇安的武装游击队在建瓯、松溪、政和、浦城等地活动。至此，赣东北和闽北均建立了革命根据地，一曰赣东北革命根据地，一曰闽北革命根据地。

1930年，方志敏、邵式平、黄道等利用中原大战之机，积极扩大革命根据地和革命武装力量。根据地由信江流域扩大到整个赣东北，红军由一个团（江西独立一团）扩充到一个军（红十军）。同年7月，中共中央决定将赣东北革命根据地与闽北革命根据地合并，组建赣东北特委（1931年9月改为赣东北省委）。1931年1月，赣东北特委决定成立闽北分区委，派肖韶担任分区委书记，加强对闽北的领导。1931年4月，国民党军发动对中央苏区的第二次“围剿”。闽北苏区也被进攻，大部分苏区沦入敌手。赣东北特委开会研究决定由红十军代理政委方志敏、军长周建屏率领红十军入闽作战，以解除闽北革命根据地的危机。1931 年 4 月 30 日，红十军在武夷山的温林关与闽北独立团汇合。首先发起长涧源战斗。这里虽然是一个小村庄，但却是江西进入闽北的要道，又是威胁闽北的一个据点。敌人把这里的土屋都改建成碉堡，几次强攻不下。部队研究改挖地道，用爆炸办法炸毁土碉堡，全歼卢兴邦部一个连。结束了长涧源战斗，红十军乘胜追击，消灭了驻在黄柏、谷前的白军和靖卫团，直插闽北重镇赤石街。赤石街战斗消灭了赤石街守敌一个团加一个营，是一进闽北取得的一次大胜仗。[1]由于红十军打出了军威，闽北的形势迅速好转。红十军离闽不久，6 月 14 日，闽北独立团一举攻克崇安县城，消灭守城民团 100 多人，活捉县长、民团团长和团副等反动头目。红十军这次入闽共进行 11 次战斗，仗仗皆捷，大大鼓舞了闽北人民的信心，奠定了闽北苏维埃和红军胜利发展的基础。

1932 年 5 月，蒋介石向革命根据地发动第四次“围剿”。这时，中央命令红十军二进闽北，扩大闽北苏区，使闽北苏区与赣东北苏区连成一片，进而打通与中央苏区的联系，为开展第四次反“围剿”斗争建立巩固的根据地。赣东北省委决定这次军事行动由方志敏负

1　参见《方志敏传》编写组：《方志敏传》，江西人民出版社 1982 年版，第 201—202 页。

责。1932年9月10日，方志敏、周建屏率红十军再次进军闽北。部队很快抵达武夷山北麓的紫溪，与闽北独立团会合。方志敏、周建屏同中共闽北分区区委书记黄道、闽北独立团团长黄立贵、政委薛子正、参谋长李金泉等取得联系。9月13日在此召开团以上干部会议，确定作战计划：一、红十军大部分兵力攻赤石，小部分兵力配合闽北独立团攻打星村，实现崇安全县苏区化。二、开辟新区奇袭浦城县。三、打通赣东北与闽北相距30公里的苏区界地，使两者连成一片。9月15日凌晨，周建屏率部以迅雷不及掩耳之势歼灭星村的1个营白军，接着支援攻打赤石。因敌人碉堡坚固，方志敏采用围困办法，发动强大的政治攻势和武器威力，迫使敌人投降。此战缴获迫击炮4门、重机枪8挺、步枪几百支，特别是俘获1部电台和报务人员。赤石、星村攻克后，红十军浩浩荡荡开进崇安县城。崇安人民举行万人欢迎大会，方志敏向崇安人民报告攻打星村和赤石的经过，动员群众团结起来，为翻身而斗争，并第一次用电台向中央报告战绩，很快得到中华苏维埃和中革军委的回电，对红十军二次进闽首战告捷表示祝贺，指示全体指战员发扬连续作战精神，去夺取新的胜利。

红十军在崇安稍事休整后，很快就要攻打浦城了。这里是闽浙赣三省交界处，俗称“金浦城”。城墙高 2.4 丈，城基厚 1.8 丈，双层城门，非常坚固。敌人有两个团驻扎在城内，是进攻赣东北的指挥中心。打浦城原来计划智取奇袭，后因消息走漏，敌有所准备，方志敏决定改为强攻。城外群众赶制了一大批竹梯。在认真调查研究的基础上，红十军 9 月 18 日晨发起总攻。红军数十发迫击炮弹飞落在敌人指挥所的小营房上，敌副师长、副团长、团参谋长等全部被炸死在里面。敌人失去指挥，顿时乱作一团。红军敢死队一鼓作气冲上城墙，与此同时闽北独立团团长黄立贵率领的一支敢死小分队登上南门城墙。另一支红十军八十一团敢死小分队登上了西门城墙。此次战斗歼敌 100 人，俘敌 600 多人，缴获重机枪 5 挺、轻机枪 33 挺、步枪 700 多支、各种短枪 100 多把、无线电台 2 部，获得筹款 50 多万元、黄金 1000 多两。浦城胜利后，红十军立即帮助地方成立县苏维埃政府、工会、农民协会、贫民协会等。把所缴来的武器弹药，除电台外全部留给闽北独立团，进一步壮大闽北革命武装。红十军二次进闽，在 22 天的转战中，消灭敌人 4 个团，调动敌人几个师，打乱敌人整个部署。缴获各种枪支 1600 多支及大批军用物资，使闽北苏区扩大到浦城、建阳、建瓯、松溪、政和、光泽一带。

1932 年 12 月 11 日，中央苏维埃决定将赣东北省改称为闽浙赣省，方志敏继任闽浙赣省苏维埃政府主席。1932 年底全盛时期，闽浙赣根据地扩大到上饶、崇安、开化等 20 多个县，拥有 100 万人口、1 万多红军，周边游击区达 52 个县，近千万人口，是全国最早创建的六大革命根据地之一。1933 年 12 月，中共中央任命方志敏为闽浙赣省委书记、省军区司令员。

闽浙赣革命根据地的首创精神

方志敏是闽浙赣革命根据地创始人之一，是早期闽浙赣省委书记，第一任闽浙赣省苏维埃政府主席。

在方志敏的正确领导下，闽浙赣革命根据地广大军民在对敌斗争上，在根据地建设上，在苏区党的建设上都有许多创造，得到毛主席多次表扬。在军事斗争方面，实行工农武装割据，大力发展人民战争，开展农村包围城市、武装夺取政权，胜利地粉碎国民党军的多次“围剿”。在游击战方面提出“53 个字战术要诀”：“出敌不意，攻敌不备，声东击西，避实就虚，集中兵力，争取主动，打不打操之于我。扎口子，打埋伏，打小仗，吃补药，吃得下就吃，吃不下就跑。”闽浙赣根据地是我军开展地雷战的发源地。地雷原来是闽北农民用来防击深山野兽的武器。上梅暴动后，为了避开反动派的报复，干部群众都退到山里去，为了阻止敌人进山“扫荡”，在进山口埋设地雷，有效地打击了敌人。方志敏发现后感到地雷威力大，便认真总结群众的经验，大力推广。根据地培养训练骨干，省、县、区、乡苏维埃成立地雷部，村普遍成立地雷组，各级办地雷厂，开展地雷战。到 1934 年初全区组织了 500 多个地雷小组。1934 年 4 月 24 日，中央苏区派人来参观后，发文向全国各根据地推广方志敏的地雷战经验。后来在抗日战争中，抗日根据地军民普遍使用地雷战战术，打击日本帝国主义。

在根据地建设上，闽浙赣苏区也有许多创造。经济建设方面，创立股份制，发行红色股票。实行对外开放的边贸政策，形成几条对外贸易的路线。1930 年 10 月成立赣东北特区贫民银行。方志敏主持制定《临时消费合作社条例大纲》，接着普遍建立消费合作社。财政收入上，闽浙赣省由过去靠打土豪收入为主，改由苏区发展国民经济，靠增加贸易来增加财政收入。毛主席对此予以肯定：“从发展国民经济来增加我们的财政收入，是我们财政政策的基本方针，明显的效验已在闽浙赣边区表现出来，在中央区也已开始表现出来了。”[1]社会建设方面，创办了一批学校、文化教育和卫生单

1　毛泽东：《我们的经济政策》（1934 年 1 月），载《毛泽东选集》第 1 卷，人民出版社 1991 年版，第 134 页。

位，首创列宁公园。加强党的建设工作，制定苏区《共产党员守则二十二条》。其中第一条服从党的命令。第三条牺牲个人，提出革命就是拼命，要牺牲个人一切去向敌人拼命，革命才能成功。第十九条不得贪污，指出吃铜打夹账（吃铜即吃铜圆，打夹账指做假账），只有请他滚出去。最后一条永不叛党。由于守则通俗易懂，联系实际，对党员的信仰、纪律、廉政都起重要作用。创办信江军政学校。成立苏维埃工农检查部，设立控告箱，提倡实名控告。成立不脱产的突击队、轻骑队进行检查。毛主席称赞闽浙赣苏区是“方志敏式”的革命根据地和“苏维埃模范省”。

由于卓有成效的工作，在 1933 年 3 月中华苏维埃共和国中央政府第一次全国代表大会上，方志敏与毛泽东、朱德等八人一起被授予红旗荣誉勋章。1934 年 1 月被增补为中共中央委员、中央临时政府执行委员和主席团成员。

浴血怀玉山

1934 年 11 月 4 日，方志敏收到中革军委急电，把到达闽浙赣边区的北上抗日先遣队——红七军团，与当地的红十军合编为红十军团。这支队伍的由来是这样的，由于博古、李德“御敌于国门之外”，与敌人拼阵地战的错误指挥，第五次反“围剿”败局已定。中央决定进行战略大转移。为策应中央苏区主力红军战略转移——长征，1934 年 7 月，中革军委派遣红七军团 6000 多人以北上抗日先遣队的名义，由军团长寻淮洲、政委乐少华、参谋长粟裕、政治部主任刘英带领，从瑞金出发经福建的长汀、永安、古田、罗源、宁德、福安、浦城等 20 多个县，行程 3000 里，艰苦转战 4 个月到达闽浙赣边区，为的是调动围攻中央苏区的敌人，减轻压力，配合中央红军长征。急电指出，这支队伍到达后，红七军团改编的第十九师，仍活动于浙皖赣新苏区打击“围剿”之敌并发展新区。第二十师、第二十一师（由红十军改编）仍留在老苏区执行打击“围剿”之敌，保卫苏区。新组成的红十军团与闽浙赣军区统一归中央军区项英司令员指挥，省委亦受中央分局领导。

红七军团与红十军合编后，中革军委任命原闽浙赣军区司令员刘畴西为军团长兼第二十师师长，乐少华为军团政委兼第二十师政委，寻淮洲为第十九师师长，刘英为军团政治部主任兼第十九师政治部主任，第二十一师师长为胡天桃。闽浙赣军区也作了调整，闽浙赣省苏维埃政府主席方志敏兼闽浙赣军区司令员，粟裕任军区参谋长。当时，中央红军已经开始长征，按理南方各根据地必须在原地区长期坚持独立斗争，保卫苏区。但是中央军区于11月18日下令给红十军团，要求红十军团全部立即从江西玉山、浙江常山间挺出铁道以北，威胁衢州，以创造皖浙边苏区。同时决定以方志敏为主席，由刘畴西、乐少华、聂洪钧、刘英等五位同志组成军政委员会，随军行动。要求闽浙赣军区的部队到外线打大仗，这显然是继续贯彻"左"倾错误路线，是红十军团后来怀玉山失败的主要原因。

此时，方志敏慎重考虑，深感责任重大。此去要进入国民党心腹地区，逼近蒋介石政权中心南京，蒋介石必然会调遣重兵，恶战频繁自不待言。他说："我下了决心去完成党所给我的任务。党要我做什么事，虽死不辞。"[1]红十军团指挥部决定在谭家桥的乌泥关设战场。这里地形如口袋，敌一进入极易被围歼。这时蒋介石得到情报——"方志敏手创之武力万余众，近日在皖南汤口镇聚合，匪势甚昌，北窜立巢，欲迫南京。"他立即指派赣浙闽皖边警备司令兼第八军军长赵观涛，率十二师、二十一师、五十五师、五十七师及补充一旅、独立四十三旅和四省保安团共20万人，进行"围剿"堵截。顾祝同下令："此次战役，我军若有战败部队，凡营以上军指官一律斩首！"

1　方志敏：《我从事革命斗争的略述》（1935年3月），载《方志敏全集》，人民出版社2012年版，第93页。

12月4日9时许，国民党军进入红十军团伏击区，战斗打响，形势对红十军团有利。但国民党军立即调整部署，集中兵力对付红十军团中战斗力较弱的第二十、二十一师（他们多数只打过游击战，缺乏打大仗经验），阵地被冲破。为扭转不利的战场态势，第十九师师长寻淮洲亲自带队夺回了制高点，但不幸在战斗中身负重伤，在部队转移途中牺牲，这是红军一大损失。谭家桥战斗失利，迫使红军不得不撤离战场，撤出战斗过程中，乐少华、刘英先后负伤，部队伤亡不断增加。最后军团部决定，全军团继续南下，返回闽浙赣苏区。

在向闽浙赣苏区转移过程中，决定由方志敏、粟裕带领伤病员、机关后勤人员共800人为先头部队，走在前面。军团主力由刘畴西等人率领，在后边打边撤。先头部队多是非战斗人员，力避与国民党军纠缠，没有停留地走到闽浙赣苏区的边上港头才停下来休息。而刘畴西率领的军团主力到达杨林后，顾虑部队疲劳，就地宿营，第二天才继续前进。这一夜战场形势发生了重大变化，尾追之敌一个团赶上并占领了堵截阵地，双方发生激战。红十军团以一小部分兵力掩护，大部分折回到外线，次日进入安全地域。此时方志敏看到敌情十分严峻，决定先头部队由粟裕带领先走，并通知刘畴西率军团主力迅速跟上。而刘畴西仍然顾虑部队疲劳，当夜又坚持就地休息，没有到港头与方志敏会合，以致失去突围机会。在这种情况下，方志敏毅然从安全地带折返敌人包围圈找到红十军团主力部队。由于延误几天时间，各路国民党追击部队共 14 个团，已全部赶到怀玉山地区。红十军团主力陷入重围之中，部队伤亡不断增加，并已弹尽粮绝，但部队仍然顽强战斗，与国民党军反复拼杀。在敌众我寡的情况下，红十军团主力逐步被分割、冲散。经过七天七夜艰苦奋战，双方均有重大伤亡，除少数人突围返回闽浙赣苏区外，红十军团主要领导人方志敏、刘畴西等人隐蔽在陇首封锁线附近的山里，在冰天雪地里与敌人周旋 13 天之后，不幸被国民党军抓捕。

伟大的灵魂　不朽的丰碑

敌人认为搜捕到方志敏是了不起的胜利，在金龙岗体育场召开“庆祝生擒方志敏大会”。方志敏昂然站立在台前，睁大眼睛扫视台下群众，不少人为他威武不屈、大义凛然的英雄气概所感动。上海《字林西报》记者采访方志敏时，方志敏大声道：“朋友们，同胞们！为了尽儿子对祖国——母亲的保护义务，我和我的战友，在敌人枪林弹雨中，创建了闽浙赣苏区和红军；为了抗击侵略者，保卫可爱的祖国，率先遣队北上抗日。蒋介石却出 8 万元捉拿我，派出比先遣队多 20 倍的兵力‘追剿’堵击先遣队。这是为什么？……我坚信，中国工农红军必将成为世界上最伟大的军队……”抓到方志敏后，蒋介石下手谕，对方志敏“劝说归诚”。国民党军第四十三旅旅长刘振清、国民党玉山县县长王振寰、江西省国民党党部书记俞伯庆、国民党赣浙闽皖边警备司令兼第八军军长赵观涛、弋阳县县长张伦元，以及顾祝同本人等纷纷出面，拉拢诱降。但得到的是方志敏“视死如归”四个大字。1935 年 2 月 6 日，蒋介石亲自出面劝降。在南昌委员长临时行营的豪华小会议室里，坐着蒋介石、顾祝同、俞伯庆等。当方志敏由几个人搀扶进来时，蒋介石起身迎接，安排在他身旁坐下，并向诸官员作介绍。接着“亲热”地说：“哎呀，志敏老弟，都怪我来迟了一步，让你受委屈了。我们虽然 8 年之久未能见面，但我们的心是相通的，因为我们都是炎黄子孙，都有热爱中华之心……”其他人你一言他一语，又是器重你，又是合作共建美好祖国，过去恩怨一笔勾销等。方志敏说：“我已被俘，不存在合作的条件。若要叛变革命叛变党，当可耻的叛徒，我方志敏永远不答应，办不到！”[1]

方志敏在狱中除了应付、驳斥劝降者和接见记者之外，对国民

1 方梅：《方志敏全传》，解放军出版社 1998 年版，第 478、479 页。

党审讯官员义正词严地回答："我不爱爵位也不爱金钱"，[1]并用大量时间和精力撰写文章，揭露国民党监狱的黑暗，表明自己的坚定信念，记述一生战斗的经历。1935 年 3 月，写就《我从事革命斗争的略述》约 6 万字，真实地记述了方志敏的战斗经历。同月，写成《我们临死以前的话》约 2000 字，表达坚定信仰和对苏维埃新中国建立的信心。4 月，写成《在狱致全体同志书》约 5000 字，从八个方面总结闽浙赣苏区的斗争经验，嘱咐同志们能为党工作是十分幸运的。5 月，在监狱"优待号"房间写成《可爱的中国》约 1.6 万字，表述如何爱护中国，拯救中国，表达了一位共产党人的爱国情怀，是爱国主义的千古绝唱。同月，撰写《死！——共产主义的殉道者的记述》1.3 万字，表达共产党员应该努力到死，奋斗到死。5 月底，写成《清贫》约 1000 字，提出"矜持不苟，舍己为公，却是每个共产党员具备的美德""清贫，洁白朴素的生活，正是我们革命者能够战胜许多困难的地方"，[2]这可以说是他一生的真实写照。6 月，写了《狱中纪实》1.2 万字，控诉国民党统治的黑暗和监狱的血腥。同月，写成了《给党中央的信》1300 余字，报告狱

1　方志敏：《死！——共产主义的殉道者的记述》（1935 年 5 月 25 日），载《方志敏全集》，人民出版社 2012 年版，第 157 页。

2　方志敏：《清贫》（1935 年 5 月 26 日），载《方志敏全集》，人民出版社 2012 年版，第 162、164 页。

中斗争情况，建议加强党的城市工作……这些文稿通过看守所文书高家骏（在狱中结交的朋友）的女友程全昭送到上海，交给胡子婴转中共上海特科，有的通过胡逸民夫妇送出。

8月初，国民党当局认定方志敏信仰不可动摇，意志不可屈服，无视国内外要求释放方志敏的呼声，秘密于8月6日凌晨在南昌下沙窝对他下了毒手，方志敏英勇就义，时年36岁。

毛泽东高度评价方志敏

毛泽东与方志敏直接交往有3次，都在大革命后期（1926年4月至1927年4月间），他们的革命情谊深厚，特别是在创建苏区、探索中国革命道路的斗争实践中，思想相通，成果相衬。可以说方志敏是毛泽东最为关注、最为敬重、最为怀念的中共早期领导人之一。

早在1925年3月，毛泽东在《中国社会各阶级的分析》（初稿）中就指出："中国无产阶级的最广大和最忠实的同盟军是农民，方志敏从事农民运动比彭湃晚几个月，比我毛泽东早几个月。这三个人被公认为'农运大王'。"

1930年1月，毛泽东在《星星之火，可以燎原》一文中，将当时革命根据地的创造和发展列出“朱德毛泽东式”“方志敏式”等，指出“朱德毛泽东式、方志敏式之有根据地的，有计划地建设政权的，深入土地革命的，扩大人民武装的路线……无疑义地是正确的。”[1]

1934年在第二次工农兵代表会上，毛泽东作政府工作报告，在“我们的经济政策”部分多次称赞闽浙赣边区。他说：“一九三三年的农产，在赣南闽西区域，比较一九三二年增加了百分之十五（一成半），而在闽浙赣边区则增加了百分之二十。”工业“在闽浙赣边区方面，有些当地从来就缺乏的工业，例如造纸、织布、制糖等，现在居然发展起来，并且取得了成效”。对外贸易“闽浙赣边区方面实行得较早，中央区则开始于一九三三年的春季”。[2]

新中国成立后，毛泽东多次赞扬方志敏。1953年4月，毛泽东视察浙江莫干山时对身边的同志说：“方志敏同志是有勇气、有志气，而且是很有才华的共产党员，他死的伟大，我很怀念他。”毛泽东在评点《新唐书·徐有功传》时评价方志敏“以身殉志，不亦伟乎”。1964年底，毛主席挥毫写就“方志敏烈士之墓”七个

1 毛泽东：《星星之火，可以燎原》（1930年1月5日），载《毛泽东选集》第1卷，人民出版社1991年版，第98页。

2 毛泽东：《我们的经济政策》（1934年1月），载《毛泽东选集》第1卷，人民出版社1991年版，第131—133页。

大字，刻在南昌方志敏烈士墓前。1965 年 6 月，毛主席重上井冈山时，对随行人员杨尚昆等说：“方志敏同志是很有理想，很有气魄的革命家。”他对中宣部部长陆定一说：“要多宣传方志敏烈士。”

1937 年 1 月在延安，方志敏被定位为民族英雄。2009 年 9 月中组部等 11 个部委联合评选方志敏是为新中国成立作出突出贡献的英雄模范人物。

方志敏烈士是闽浙赣革命根据地的主要创始人。他所领导的闽浙赣苏区从对敌斗争到政权建设与党的建设都有出色的崭新创造，得到毛主席和党中央的表扬和推广。后来方志敏虽然身陷囹圄，仍然旗帜鲜明地捍卫共产党的尊严，保持革命气节，只争朝夕地宣传革命道理，训斥无耻之徒的威胁利诱。他在狱中的光辉著作，是中国人民宝贵的精神财富，是共产党人的必修课。作为方志敏烈士战斗过的福建省，各级领导干部更应该认真学习方志敏烈士的崇高思想，大力宣传他的高贵品质和革命精神，在以习近平同志为核心的党中央和中共福建省委的领导下，为共筑伟大的中国梦而努力奋斗。

闽北苏区时期的经济建设实践*

黄文富

1931年7月，闽北分区第一次工农兵代表大会在崇安县（今武夷山市）坑口召开，闽北分区苏维埃政府成立（以下简称“闽北分区苏”）。不久，建阳、铅山、上（饶）广（丰）、上（饶）铅（山）、建（阳）浦（城）、邵武、光泽、建（瓯）松（溪）政（和）等县级苏维埃政府相继成立，闽北苏区进入了鼎盛时期，成为闽浙赣苏区的重要组成部分及坚固的屏障。1932年12月，闽浙赣省成立，直辖闽北分区。此后，在方志敏、黄道直接领导（指导）下，闽北分区抵制了“左”倾路线的干扰，把经济建设摆上了闽北分区各级苏维埃政权的议事日程。

* 本文原载于《红土地》2018年第12期。

发展农业　促进生产

闽北苏区地处经济落后的山区或半山区的农村，小农业和手工业相结合的自然经济（小农经济）占绝对优势，这就决定了闽北的经济建设必须因地制宜，发展农业，推行“多元化”的农业政策。

进行土地调整。闽北苏区各级苏维埃政权，“实行平分一切土地归农民所有”，使生产力进一步解放。

注重解决“牛荒”。由于国民党当局对闽北苏区进行了数次反革命“围剿”，耕牛被大量宰杀，不少群众被洗劫一空，生产、生活受到严重影响。为解决苏区群众耕牛和其他生产资料缺失的问题，闽北分区苏成立伊始，就发出了训令《关于建立耕牛合作社问题》。一方面调集武装力量打土豪、缴耕牛，一方面低息贷款给群众到白区购买耕牛和其他生产资料。同时，对耕牛的保护使用也作出规定：农忙季节要加强对耕牛的饲养，不让一头耕牛空闲，每头耕牛每天耕田必须达8小时，禁止宰杀耕牛，提倡对缺牛户进行互助。

广泛动员群众。闽北分区苏号召：各苏区以赤卫队、少先队、青妇队、儿童团等群众组织为基础，组织劳动互助组、耕田队、割禾队、生产突击队等，把一切有劳动能力的男女老少动员组织起来，投入农业生产第一线。1933年农忙季节，闽北军分区政治部还制定了《红色割禾队的组织和办法》和《武装保护秋收宣传大纲》，调动红军部队、机关、团体、企业、学校支持农业生产。

开展劳动竞赛。每年开春，闽北分区苏都要发出有关农业生产的各种决议、训令，制定农业生产计划，开展劳动竞赛。1933年闽北分区苏提出：在上半年农业生产丰收的基础上再增产三成的号召，并制定了劳动竞赛规则，组织各地区与区、乡与乡、队与队、村与村之间开展竞赛活动，并进行检查评比，优胜者分别授予奖旗、奖状，奖励犁、耙、耨、锄等。

提倡科学种田。闽北山高水冷，各地气候、土质不同。闽北分区苏经常指示各级苏维埃政权，因地制宜、科学种田，能种早稻的就种早稻，不能种早稻的就多种豆类、瓜果、杂粮及其他经济作物。同时要求进行土壤改良，保证肥源，要求妇女、儿童每天要积一定数量的肥料，以备施用。

鼓励开垦荒地。闽北分区苏制定了开垦荒地“谁开谁种，三年免税”的政策，提出“苏区不荒一亩田”“不劳动者不分田”等政策性的口号，还组织地少人多的区、乡居民到地多人少的地方开垦荒地。

兴修农田水利。闽北分区苏每年都发放大批农贷款项，用于帮助各苏区进行中、小型农田水利建设。闽北分区苏土地委员会还发布了《改良水利宣传大纲》，将每年的八月定为“水利工作运动月”，掀起兴修农田水利的高潮，修建、改良各地的中、小型堤、坝、渠、圳等农田水利设施，以减少旱、涝灾害的威胁。同时，教育农民管好山林，禁止乱砍滥伐，以防止水土流失。

实行劳动互助。因保卫苏区的需要，闽北苏区青壮年大多参军、参战，农村劳力不足。闽北分区苏各级苏维埃政权实行劳动互助的办法，组织各类互助组，进行劳力换工、耕牛余缺的调剂。同时，还实行义务劳动制度，要求各级苏维埃的工作人员每周至少义务劳动一天，参加农业生产。还鼓励发挥妇女半边天的作用，让她们走上农业生产第一线，下田耕作、上山开荒、养猪养鸡、种植蔬果……为发展农业生产作出贡献。

各行各业服务农业。闽北分区苏设立粮食调剂局、信用合作社、生产合作社、消费合作社、犁牛合作社、农具生产合作社等，一方面保障苏区群众生产资料和日常生活用品（耕牛、种子、农具、布匹、食盐、西药、煤油）等的供给；一方面组织苏区土特产（茶叶、茶油、笋干、纸张、木材、香菇、毛竹、皮毛、整木的寿棺等）远销，换回苏区紧缺的物资。各类合作社经济的形成滋润了闽北分区苏的经济，使苏区的经济命脉掌握在各级苏维埃政权的手中。

由于闽北苏区各级苏维埃政权正确处理好了发展农业生产与进行革命战争的关系，制定了一系列结合实际、切实可行的方针政策，闽北苏区的农业生产迅速发展，粮食产量逐年增长。1933 年仅崇安县粮食总产量就比上年增长了三成，被闽北分区苏评为“粮食增产先进县”。

自力更生　创办工业

土地革命前，闽北苏区的工业一穷二白，只有少数手工业作坊。1929 年，第二次上梅暴动后，在崇安的上梅岩山下建立了炸药厂，后来又发展成为军械修理所，1930 年又扩大成为有一定规模的兵工厂，可以说，这就是闽北苏区工业的雏形。

闽北分区苏成立后，自力更生，白手起家，不仅恢复发展了原有的土纸、笋干、茶叶加工生产，还先后办起了硝盐厂、炼油厂、炼硝厂、炸药厂、纸币厂、硬币厂、被服厂、石灰厂、木桐厂、制革厂、木炭厂、造纸厂、印刷厂等，尤其造纸工业发展较快。据

1930 年有关资料统计，仅崇安县坑口乡就有纸槽（厂）近 100 家，工人近 1000 人，纸张远销上海、杭州、金华等地。

其时，闽北苏区工业生产管理体系也逐渐建立健全起来。闽北分区苏设立国民经济委员会，各县苏设国民经济部或经济委员会，区、乡也设国民经济部或经济委员会，负责工业生产调度与销售安排。如 1933 年，闽北分区苏颁发了第二号通令，强调扩大苏区纸张、茶叶等土特产生产，缓和苏区经济，增加产品远销，把促进工业生产作为各级苏维埃的重要任务。

闽北分区苏多条渠道、多种形式发展工业生产：一是政府（苏维埃）拨款，主要是经营军需产品、厂矿、企业；二是集体筹股，主要是经营各类合作社；三是个人出资自办各类小企业（手工业）。形成了国营（苏维埃）经济、合作社（股份制）经济、私营经济三者并存的格局，有力地发挥了各方面的积极性，闽北分区的工业从无到有、从小到大，得到了迅速的发展。

交通、邮政顺畅通达

在发展工业的同时，闽北分区苏还建立完善了苏区的交通、邮政事业。据有关资料记载：1930 年，崇安县就建立了邮政局、邮政交通队，还在星村、浦西两个区设立了邮政分局。1931 年，闽北分区邮政总局成立，印刷发行苏区邮票，使苏区的邮政业务得到了进一步的完善，对于军事斗争胜利，促进苏区经济发展，起到了十分重要的作用。

1932 年 11 月 20 日，闽浙赣省苏维埃政府就苏区邮政事业向党中央的报告中说：“苏区的信件完全由邮局寄送，非常便利，并印刷了红色邮票，寄信一封，不论远近，只需邮票两分。红军的信，可以不贴邮票，只需红军政治部门盖上红色战士通讯印章，即可通行。”不久，闽浙赣苏区与中央苏区打通，形成了统一的中央苏区红色邮政线路网络。

1933 年 11 月，闽北分区苏成立了交通委员会，下辖交通管理站、船舶检查站、支前站、运输队、修路队，在苏区各地“建设道路、桥梁、船渡”。崇安县苏还在城关、星村、吴屯建立了小型造船厂，修造木船。其时，崇溪沿线航行的木船有 230 余艘，月运载量近 1000 吨。根据战争环境的需要，闽北分区苏还在一些地方建立了秘密交通站。据有关资料记载：1932 年上半年，赣东北苏区（含闽北苏区）“白区秘密交通站共设了 20 余处，还正在继续进行建立”。[1]

1　中共福建省委党史研究室等编：《闽浙皖赣革命根据地》上册，中共党史出版社 1991 年版，第 424 页。

其时，中共临时中央机关从上海转移到江西瑞金之前，中央苏区与临时中央的联系，以及中央苏区送往临时中央的黄金、白银，还有临时中央派往中央苏区的人员，不少是先经赣东北，再经闽北，然后到达江西瑞金的，闽北的一些秘密交通站在其中发挥了很大的作用。

繁荣商业　搞活外贸

随着工业、农业生产的发展，闽北苏区的商业、外贸也很快恢复发展起来。由于国民党当局对苏区实行严密的经济封锁，苏区的商业、外贸一度冷落，赤（苏区）白（白区）对立严重，有些地方存在过左的现象，没收了商店老板、小企业主的财物，使白区的商人不敢来苏区进行商贸活动，有的地方连传统的墟、集也被停止了，致使红军部队的军需品和群众的生活日用品奇缺。为打破这种局面，闽北分区苏采取了以下有效措施。

发展国营（苏维埃）商业和合作社。在保障苏维埃（国营）经济对苏区商业领导地位的同时，大力发展消费合作社、信用合作社等民营经济，在各类合作社买进卖出各种物资时，集资入股的社员群众享有优先权，不受中间环节的剥削，这种经营方式扩大了入股的社员群众，稳定推动了苏区经济的发展。

建立对外贸易处。1932 年，闽北分区苏先后在崇安与河口、崇安与浦城、崇安与建阳等赤（苏区）白（白区）交界的地区设立对外贸易处。崇安县苏还在岚谷、阳岭、白水、黄土等地设立对外贸易处，开展对外贸易，实行以贸易货。

培养贸易干部。闽北分区苏还专门开办了苏区贸易干部训练班，培养了一批苏维埃的贸易干部。1932 年 3 月，闽北分区苏经济委员会还发出了《给白区商人们的信——征收货物税、发行兑票及其它》，进一步宣传苏维埃的商业政策，吸引白区商人到苏区来做生意。由于苏维埃贸易政策灵活、机动、公平、公正，白区到苏区来做生意的商人络绎不绝。正如闽北苏区当年流行的一首民谣所唱："苏区真正好，遍地都是宝，土产样样有，白区少不了。"

开创金融　发行货币

早在闽北分区苏成立之时，方志敏就指示闽北的同志："你们要办银行，成立贸易处，把经济很好的集中起来。"[1]随着闽北苏区工、农、商业、外贸的发展，闽北分区苏把开创金融业放在了突出位置。

1　蒋九如主编：《福建革命根据地货币史》，中国金融出版社 1994 年版，第 259 页。

1931 年 4 月，红十军首次入闽作战，攻打了崇安赤石，缴获大量银圆，方志敏指示红十军从中拨出 3 万元，作为创办闽北分行的基金。同年 8 月，闽北分区苏开始筹建闽北银行，年底，报赣东北省苏维埃政府批准，定名为“赣东北省苏维埃银行闽北分行”（以下简称“闽北分行”），行长由闽北分区苏财政部部长徐福元兼任，行址设在崇安大安街。

由于闽北苏区与赣东北苏区并不相连，闽北苏区实际上是一个独立的政治单位。闽北分行在执行赣东北省苏维埃银行经营管理原则的要求下，独立开展金融活动。

1932 年 1 月，赣东北省苏维埃银行闽北分行正式成立，随后，闽北各县苏先后成立了支行。闽北分行在崇安大南坑设立铸币厂（月铸银圆 4000 多元）、纸币厂（发行面额 1 毛、2 毛、5 毛、1 元的纸币）。同时，闽北分行还发行 50 元、100 元的兑换券，白区商人可执兑换券购买苏区的物资，各地检查机构仅收少量的物资税。

闽北分行承诺，“本行钞票，现银一律，准备基金，十分充足，工农士兵，携带方便，县苏区苏，都可兑换，买卖完税，毋须折扣”，并将此印在红票（闽北分行发行的纸币）上，使红票在苏区群众中，享有很高的声誉。

1932年12月，赣东北省扩大为闽浙赣省，原赣东北省苏维埃银行闽北分行随之易名为闽浙赣省苏维埃银行闽北分行。其主要资金来源：一是苏维埃政府拨款，红军打土豪筹款、缴获所得，均上缴财政。二是群众集资入股，各级苏维埃政权将分行招股列入工作议事日程，广泛动员群众入股。三是各种税收，如土地税、营业税、酒税、屠宰税、进出口税等。四是发行公债，如1933年9月，仅崇安县苏一次就发行公债10万元，占闽北分行发行量（20万元）的半数。五是开源节流，闽北分区苏向各级苏维埃机关、团体、工厂提出“每人每天节省一个铜钱”的号召，以节省资金。

闽北分区苏以开创银行为主体发展金融业，对于闽北各级苏维埃政权财政收支的平衡，保障革命战争经费，活跃苏区经济，改善苏区群众生活，促进物资交流，增加财政积累起到了很大的作用。

财政转型　挖掘财源

闽北分区苏创立之时，由于处于战争的环境，财政制度还不够健全，苏区内私人商业、大资本家不了解党的政策而纷纷外逃；中、小商业者持观望状态，白区的商人不敢来苏区做买卖。

苏区财源依靠红军打土豪筹款，缴获敌人的物资以及增收土地税。闽北分区苏成立后，从稳定财源、增加收入、发展经济的视角整顿税收、挖掘财源，实现了财政政策转型：第一，逐年降低土地税、减轻农民负担；第二，发展工商业，使物资交流税和营业税逐年增加；第三，活跃赤（苏区）白（白区）外贸，征收物资出口税、过境税，让进出口的物资产生利润；第四，红军打土豪筹款、缴获，依然是苏维埃财政收入之一。

1934 年 1 月，毛泽东在《我们的经济政策》一文中说："从发展国民经济来增加我们财政的收入，是我们财政政策的基本方针，明显的效验已在闽浙赣边区表现出来，在中央区也已开始表现出来了。"[1]这其中，作为闽浙赣苏区重要组成部分的闽北苏区，就有一定的成效。

闽北苏区的经济建设实践，是在国民党当局不断发动疯狂的军事"围剿"和严密的经济封锁的恶劣环境中进行的，是在经济基础薄弱、经济条件落后的山区或半山区进行的。

在闽北苏区各级苏维埃的领导下，闽北苏区军民发挥了高度的积极性、创造性，使闽北苏区在农业、工业、交通、邮政、商业、外贸、财政等方面，形成了独具特色、自给自足的经济体系，取得

1　毛泽东：《我们的经济政策》（1934 年 1 月），载《毛泽东选集》第 1 卷，人民出版社 1991 年版，第 134 页。

了经济建设开创性的成就。“解决被敌人严密封锁的经济问题；解决经过八九年战争的财政问题，还解决其他许多重大问题，都不是照抄前例的，而是用前所未有特创的新方法去解决的，表现出苏维埃惊人的创造力量！”[1]

土地革命战争时期，闽北分区委、分区苏创造积累的经济建设实践经验是丰富宝贵的，所制定的一系列方针、政策不仅实事求是符合当时的客观实际，而且有很强的创新精神，这些对我们今天建设中国特色社会主义仍有借鉴意义。

1　方志敏：《我从事革命斗争的略述》（1935 年 3 月），载《方志敏全集》，人民出版社 2012 年版，第 84 页。

一颗永远闪亮的红星*

——记方志敏与武夷山

马照南

武夷山，风光旖旎。九曲逶迤，群峰磅礴。巍然屹立在千里闽赣边境。

武夷山，红色圣地。无数先烈，奋斗牺牲，赢得“红旗不倒”的殊荣。

武夷山，群星闪耀。璀璨星空，一颗耀眼的永远闪亮的红星是方志敏。

武夷山，不仅因景观奇秀闻名，同时以红色文化著称。这里是毛泽东誉之为“方志敏式”革命根据地的一个重要起源地。

方志敏是毛泽东最敬重、最怀念的“农运大王”和革命战友。他们很早就相识相知于农民运动。1925 年，毛泽东在《中国社会

* 本文原载《炎黄纵横》2021 年第 2 期。

各阶级的分析》(初稿)中写道:“中国无产阶级的最广大和最忠实的同盟军是农民,方志敏从事农民运动比彭湃晚几个月,比我毛泽东早几个月。这三个人(按,指彭湃、方志敏、毛泽东)被公认为‘农运大王’。”“农运大王”方志敏在江西从事农民运动时,就提出农会要有武装,与毛泽东的“枪杆子里出政权”主张不谋而合。毛泽东对方志敏领导的赣东北、闽北革命根据地给予高度评价,他在《星星之火,可以燎原》中,将当时革命根据地的建立和发展列出“朱德毛泽东式、方志敏式”,即“有根据地的,有计划地建设政权的,深入土地革命的,扩大人民武装的路线……无疑义地是正确的”。[1]

方志敏与武夷山有很深的文化情缘与红色情缘。他与闽北革命家陈昭礼、杨峻德、徐履峻、陈耿,生活在朱子文化深深浸染的闽浙赣区域,有着相同的文化背景和革命理念,走的是同一条苏区发展道路。1930 年,中央决定赣东北、闽北革命根据地合并,由方志敏统一领导;闽北红军 1500 人开进赣东北,合组红十军。作为赣东北苏区的开创者和闽浙赣苏区的主要领导者,方志敏对闽浙赣苏区的建设发展高瞻远瞩、深思熟虑,有着极大贡献。

1　毛泽东:《星星之火,可以燎原》(1930 年 1 月 5 日),载《毛泽东选集》第 1 卷,人民出版社 1991 年版,第 98 页。

1931年春天，为解闽北苏区受困之急，方志敏率领红十军第一次入闽。这支威武的红军队伍，从江西横峰铺前出发，越过温岭关，来到群峰聚秀的武夷山。此时温岭关一带路隘、林深、苔滑。山道险峻情更迫。一路急行军，直逼武夷山下。

长涧源是武夷山下的一个小村庄，却是敌人阻拦我军进入苏区的重要据点。敌人把这里的土屋都改建成碉堡，据险抵抗。方志敏指挥红十军发起长涧源战斗，几次强攻不下，便改用挖地道、爆炸办法炸毁土碉堡，全歼福建军阀卢兴邦部一个连，随后消灭了驻在黄柏、谷前的白军和靖卫团。红十军接着急行军70里，凌晨围攻商业重镇赤石，与国民党海军陆战队林秉周旅激战数小时，击溃守敌，攻占赤石街，缴获银洋20万元、黄金2000多两和大批军用物资。战斗结束，当地群众敲锣擂鼓，欢呼方志敏与红十军的重大胜利。

方志敏第一次入闽作战，所向披靡，势如破竹。打了11次仗，仗仗皆胜。此举稳定了以崇安为中心的闽北苏区局势，奠定了武夷山苏维埃和红军向前胜利发展的基础。

作为战略家，方志敏对战争全局有着全面而深刻的洞察力。他和毛泽东一样，被武夷山优越的战略地位和得天独厚的地理条件、良好的群众基础所吸引。深深感到，“东南屋脊”的武夷山区，不仅是开展游击战争、建立苏区的好地方，是拱卫中央苏区和赣东北苏区的天然屏障，更是将来逐鹿中原、决胜千里的战略要地。这个见解，与作为军事家战略家的毛泽东不谋而合。毛泽东认为，中央苏区在军事发展方向上，“西南北三面都不可，便只有东方是好区域”。[1] 1932 年 10 月 14 日，以毛泽东、朱德、周恩来的名义发布的“建、黎、泰战役计划”，强调红军拟出其不意占领三地，“占领泰宁的兵团，并于占领泰宁时即刻发出一个相当的兵团直驱邵武，沟通崇安红军”。[2] 毛泽东始终主张红军主力东进，打通与闽北赣东北苏区联系，壮大中央苏区，从根本上打破蒋介石的“围剿”。毛泽东主张红军主力要以武夷山为中心发展，驰骋在闽浙赣皖广大区域，直至进军江沪宁，以威胁蒋介石政权。方志敏深刻体悟中央把赣东北与闽北统筹发展的用心，他下定决心，一定要加快发展闽北苏区、强大闽北苏区。

方志敏在武夷山一带活动时，曾两次到过张山头。

当年的张山头是一个拥有 500 多人口的大村，上梅暴动后，闽北红军医院在此设立。院内有办公区、门诊、内科、外科、住院、

1　毛泽东：《给周以栗谭震林等的信》（1931 年 6 月 28 日），载《毛泽东军事文集》第 1 卷，军事科学出版社、中央文献出版社 1993 年版，第 235 页。

2　周恩来：《红一方面军建、黎、泰战役计划》（1932 年 10 月 14 日），载《周恩来军事文选》第 1 卷，人民出版社 1997 年版，第 201 页。

西药房、中草药房、保卫部等部门。战斗中负伤的官兵，被安置在张山头红军医院养伤。张山头周围的妇女都来帮助医护伤员。方志敏特地前往慰问。他仔细询问伤员们医治情况，与他们一一握手，告诉他们："你们的宝贵鲜血是为苏维埃政权流的，会尽最大力量替你们医好。"为保护伤员，也为加强闽北红军，方志敏特别把英勇善战的红十军特务营留下来，将战斗中缴获的上千支枪（炮）、数万发子弹全部留在闽北，加强闽北独立团的战斗力。

为加强闽北苏区建设，方志敏回到赣东北苏区，很快委派他最得力的助手黄道，出任中共闽北分区委书记，主持闽北党政军全面工作。1931 年 7 月，黄道一到闽北便主持召开中共闽北分区委扩大会议，制定了深入发动群众、进行土地分配、建立健全苏维埃政权、加强红军独立团建设的政策，由红军虎将黄立贵任团长，后又扩大为拥有 1 个独立师、4 个独立团、1 个军政教导大队，各县苏区有 21 支地方武装，红军总人数超 1 万人的强大队伍，成为闽浙赣根据地和中央根据地的坚强一翼。黄道强化完善闽北苏维埃政权，大力发展经济文化各项事业。闽北苏区百业并举，生机勃勃。

1932 年秋，中央指示红十军第二次入闽，目标是扩大闽北苏区，使之与赣东北苏区连成一片，进而打通与中央苏区的联系。9

月 10 日，方志敏率部再次进军闽北，并很快抵达武夷山北麓的紫溪与闽北红军会合。9 月 15 日凌晨，周建屏率部迅速歼灭星村 1 个营白军，接着支援攻打赤石。因赤石守军碉堡坚固，方志敏采用围困办法，发动强大的政治攻势和武器威力，迫使敌人投降，缴获迫击炮 4 门、重机枪 8 挺、步枪几百支，并俘获 1 部电台和报务人员。之后，红十军进入崇安县城，用这部电台向中央报告了战绩。

方志敏率领红十军第二次入闽，转战 22 天，战绩卓著，消灭敌人 4 个团，缴获各种枪支 1600 多支及大批军用物资。仅浦城战役就歼敌 100 人，俘敌 600 多人，缴获重机枪 5 挺、轻机枪 33 挺、步枪 700 多支、各种短枪 100 多把，无线电台 2 部。获得筹款 50 多万元，黄金 1000 多两，以及大量军用物资。此次作战还调动敌人几个师，打乱敌人整个部署。攻占浦城后，方志敏指示红十军立即帮助地方成立了浦城县苏维埃政府、工会、农民协会、贫民协会等。

方志敏到闽北，受到热烈欢迎。岚谷区主席刘振明早年在赣东北经商，听方志敏演讲，深受教育，后由方志敏介绍入党。老区群众回忆，1932 年 9 月，红十军二进闽北，全村上下积极配合。区苏主席刘振明、裴梓明等早早安排，做好红十军三千余将士在乌山寺、江陈等地驻扎的事宜。

方志敏率领红十军二次入闽，极大促进了苏区的发展。不久闽北分区党政军领导机关从大安迁入崇安县城，闽北苏区扩大到浦城、建阳、邵武、建瓯、松溪、政和、光泽，以及江西的铅山、上饶、资溪、贵溪、金溪，浙江的江山、庆元、龙泉边界一带，成为拥有 4 座县城，纵横 300 余里，人口 50 多万的广大地区。

作为与“朱德毛泽东式”齐名的“方志敏式”根据地，苏区广大军民在对敌斗争、根据地建设、苏区党的建设方面都有创造。

最突出表现在军事斗争方面，从血的经验教训中总结出“出敌不意，攻敌不备，声东击西，避实就虚，集中兵力，争取主动，打不打操之于我。扎口子，打埋伏，打小仗，吃补药，吃得下就吃，吃不下就跑”的“53 个字战术要诀”，红军游击队屡试不爽，打击敌人、保存自己，令敌胆寒。在武器装备上，闽北分区委在武夷山大安建立了兵工厂、炸药厂。每月可制造各种枪支 1000 余支，制作炸弹、地雷 1 万多个，生产手榴弹 3000 多枚、子弹 15 万发，为闽北红军提供了充足的武器弹药。

人们熟悉的电影《地雷战》，写的是抗日战争的故事，这种战术最早发源于武夷山，原是武夷山农民用来防范深山野兽的办法。

崇安上梅暴动后，为了避开反动派的报复，干部群众退到山里去，在进山口埋设地雷。方志敏、黄道、黄立贵发现后感到地雷威力大，便认真总结群众的经验，大力推广。中央苏区派人参观后，于1934 年 4 月 24 日发指示信向各根据地推广“赣东北苏区的经验，充分使用挨丝炮、拉丝炮等各种各式的地雷，轰炸进攻的敌军”。[1] 后在抗日战争中，解放区军民普遍使用地雷战战术，沉重打击了日本侵略者。

在经济建设方面，闽北苏区很早就注重通过发展经济、扩大贸易来增加财政收入。土地革命使广大农民分到了土地，“耕者有其田”，生产积极性高，那些年天气等自然条件也比较好，武夷山苏区农业年年丰收。为保障供给，当年红色首府大安创办了被服厂、榨油厂、铸币厂、印刷厂等企业，形成闽北苏区工业中心。还成立了闽北银行，造银圆、印制纸币，设立合作社。发行股票、公债，开展对外贸易。有着近千年历史的岚谷乡乌山寺，作为武夷山苏区最早的贸易处，在发展苏区经济中发挥了重要作用。对闽浙赣省的这些成功实践，毛主席说：“我们财政政策的基本方针，明显的效

1 《中共中央委员会、中央政府人民委员会给战地党和苏维埃的指示信》（1934 年 4 月 24 日），载《中共中央文件选集》第 10 册（1934—1935），中共中央党校出版社 1991 年版，第 265 页。

验已在闽浙赣边区表现出来，在中央区也已开始表现出来了。”[1]

闽北苏区在文教方面也很有创造。设立文化部；建立列宁师范和列宁小学，7 岁至 15 岁的学龄儿童，享受全日制义务教育。还开展社会扫盲，办各种夜校。“识字牌”是消灭文盲的一种有趣且适用的方法。在每个村庄的十字路口都有一个小小的广告牌，广告牌上只写一个字，当行人走近牌子的时候，立即就有一个小孩跑出来问：“同志哥，你认识这个字吗？”如果行人认识的话，他就放行人过去，如果不认识的话，小孩就会教，一直等到行人会写会认了才放行。这就是消灭文盲的识字牌，上面的字是每天调换的。

闽北苏区的群众文娱生活相当丰富。有工农剧、戏剧团、宣传队、歌咏队。群众创作出来的歌曲每年一百多首，闽北工农剧社常常自编、自导、自演各种节目。

闽北苏区发展迅速，根本原因在于方志敏、黄道非常重视党的建设。他们制定苏区《共产党员守则二十二条》，对党员的信仰、纪律、廉政都提出明确要求。当年拟提拔的县（团）级干部都要进闽北党校培训。闽北分区委还印刷出版《红旗》《工农报》《红色闽北》《列宁青年报》《红色射手》《党的建设》《青年与战争》等各种

1　毛泽东：《我们的经济政策》（1934 年 1 月），载《毛泽东选集》第 1 卷，人民出版社 1991 年版，第 134 页。

报纸杂志。

因为卓有成效的工作，在1933年3月中华苏维埃共和国临时中央政府第一次全国代表大会上，方志敏与毛泽东、朱德等8人一起被授予红旗荣誉勋章，并被增补为中共中央委员、中央临时政府执行委员和主席团成员。毛泽东多次称赞闽浙赣边区，他说："一九三三年的农产，在赣南闽西区域，比较一九三二年增加了百分之十五（一成半），而在闽浙赣边区则增加了百分之二十。""在闽浙赣边区方面，有些当地从来就缺乏的工业，例如造纸、织布、制糖等，现在居然发展起来，并且取得了成效。"[1]

以武夷山为中心的闽北革命根据地和赣东北根据地"方志敏式"根据地的这种创造，和井冈山革命根据地、赣南闽西根据地"朱德毛泽东式"一样，体现了共产党人的为民情怀、高度智慧，体现了实事求是对中国革命道路的探索精神，是马克思主义中国化的开篇之作。

闽北苏区是方志敏时时牵挂的地方，是他认为最稳固最可靠最有韧性的根据地。1934年10月，中央红军长征，赣东北告急。方志敏给中央去电，明确要求撤退到闽北，认为这是保存革命力量的

1　毛泽东：《我们的经济政策》（1934年1月），载《毛泽东选集》第1卷，人民出版社1991年版，第131、132页。

根本之策，但是中央军区却下令给红十军团，要求红十军团挺出铁道以北，威胁衢州，以创造新的皖浙边苏区。这显然是继续贯彻“左”倾错误。作为共产党员，方志敏明知此去凶多吉少，但他义无反顾地说：“我下了决心去完成党所给我的任务。党要我做什么事，虽死不辞！”[1]多年后，毛泽东无限感慨写下“以身殉志，不亦伟乎！”

1935年5月，方志敏在囚室里写了爱国主义名篇《可爱的中国》《清贫》。文章写道：“朋友，我相信，到那时，到处都是活跃跃的创造，到处都是日新月异的进步”，“明媚的花园，将代替了凄凉的荒地！”[2]“清贫，洁白朴素的生活，正是我们革命者能够战胜许多困难的地方！”[3]

习近平总书记曾多次讲述方志敏同志的故事，他说：“我多次读方志敏烈士在狱中写下的《清贫》。那里面表达了老一辈共产党人的爱和憎，回答了什么是真正的穷和富，什么是人生最大的快乐，什么是革命者的伟大信仰，人到底怎样活着才有价值，每次读

1 方志敏：《我从事革命斗争的略述》（1935年3月），载《方志敏全集》，人民出版社2012年版，第93页。

2 方志敏：《可爱的中国》（1935年5月2日），载《方志敏全集》，人民出版社2012年版，第138页。

3 方志敏：《清贫》（1935年5月26日），载《方志敏全集》，人民出版社2012年版，第164页。

都受到启示、受到教育、受到鼓舞。”[1]

方志敏的预言变成了现实，人民永远怀念方志敏。武夷山已被联合国教科文组织列入世界文化与自然双遗产名录，列入红色经典旅游区旅游线路。

举目今日武夷，满眼青山绿水，欢歌笑语。但是我们不能忘记，曾在这里浴血战斗、壮烈献身的方志敏，这颗永远闪耀光芒的红星！

1　人民日报评论部：《习近平讲故事》，人民出版社 2017 年版，第 71 页。

继承与弘扬方志敏精神*

罗　健

方志敏是杰出的无产阶级革命家、军事家和农民运动领袖，也是闽浙赣革命根据地的创建人。他的一生，是为民族的解放、人民的幸福，为共产主义事业英勇奋斗的一生。在生命的最后关头，面对死亡的威胁，方志敏写下了《可爱的中国》《清贫》《狱中纪实》等文章。在那字里行间你可以得到一种荡涤灵魂的精神感染，得到一种震撼心魄的正气支撑。可以说方志敏精神是中华民族精神的精髓，它将激励着一代又一代中华儿女为人类美好的事业而不懈地奋斗。

解放思想，实事求是，开拓创新，是方志敏精神的一个突出特征。1927 年大革命失败后，他从当时、当地的实际情况出发，转变工作方法与斗争方式，毅然拿起武器，发动武装暴动，组建了中

*　本文原载于《福建党史月刊》2002 年第 10 期。

国工农红军第十军，创建了赣东北革命根据地。他创新工作方式，把发展经济、改善群众生活与开展武装斗争有机地结合起来，推动根据地政治、经济、文化的全面发展，为闽浙赣革命根据地建设注入了活力与生机。为此，毛泽东赞扬道："兴国的同志们创造了第一等的工作，值得我们称赞他们为模范工作者。同样，赣东北的同志们也有很好的创造，他们同样是模范工作者。像兴国和赣东北的同志们，他们把群众生活和革命战争联系起来了，他们把革命的工作方法问题和革命的工作任务问题同时解决了。他们是认真地在那里进行工作，他们是仔细地在那里解决问题，他们在革命面前是真正负起了责任，他们是革命战争的良好的组织者和领导者，他们又是群众生活的良好的组织者和领导者。"[1]方志敏自己也总结说，这些"都不是照抄前例的，而是用前所未有特创的新方法去解决的，表现出苏维埃惊人的创造力量！"[2]这里体现的是一种创新精神，一种求真务实的作风。只有既具备坚定的理想信念又有与时俱进的创新勇气，才是真正的马克思主义者。而这种创新精神、这种求真务实的作风正是今天我们需要坚定不移地继承和弘扬的。

1　毛泽东：《关心群众生活，注意工作方法》（1934 年 1 月 27 日），载《毛泽东选集》第 1 卷，人民出版社 1991 年版，第 140 页。

2　方志敏：《我从事革命斗争的略述》（1935 年 3 月），载《方志敏全集》，人民出版社 2012 年版，第 84 页。

强烈的爱国主义热情和高尚的民族气节，是方志敏精神的重要内容。他说：“为着阶级和民族的解放，为着党的事业的成功”，“能舍弃一切”，直至“努力到死！奋斗到死！”[1]他是这么说的，也是这么做的。他把祖国比作母亲，憧憬着“中国一定有个可赞美的光明前途”，“我们民族就可以无愧色地立在人类的面前，而生育我们的母亲，也会最美丽地装饰起来，与世界上各位母亲平等地携手了。”[2]虽然当今的环境和条件发生了很大的变化，和平与发展成了时代的主题，但为了民族振兴、人民幸福而努力奋斗的激情与志向，是任何时候都不能舍弃的。在科学技术迅猛发展的新时代，我们热爱自己的祖国，就应站在时代前列，加强学习，增长知识，把握世界科技经济发展潮流，增强综合国力，使中华民族屹立于世界民族之林。

主张洁白朴素的生活，是方志敏精神的又一突出特征。方志敏所说的“清贫”的本质含义，就是主张“洁白朴素的生活”。进入新世纪，我们正在从小康走向富裕，而方志敏的这种生活观仍有着极为重要的现实意义。乐于洁白朴素的生活，不仅是一种高尚的人

1　方志敏：《死！——共产主义的殉道者的记述》（1935 年 5 月 25 日），载《方志敏全集》，人民出版社 2012 年版，第 159—160 页。

2　方志敏：《可爱的中国》（1935 年 5 月 2 日），载《方志敏全集》，人民出版社 2012 年版，第 138 页。

生态度，也昭示着一种积极健康的生活方式。社会文明发展的程度越高，物质需要越得到满足，人们越应当经常地思考检视自己的生活方式是否科学，是否符合可持续发展的要求，是否真正理解人与自然界的关系。那种无节制地追求物质享受而向自然界粗暴地索取，追求经济高增长而恣意破坏环境、浪费资源的行为，已经给人类自身制造了深重的灾难和危机。人们应当深刻认识人与自然界共生共荣、相互依存的亲密关系，对人生、对世界持有一种科学的态度和观念。应像方志敏那样，在奋斗与奉献之中，在追求与淡泊之中，理解人的生命的本质，实现个体与人类整体的完整统一，实现人与自然的和谐统一，找寻一条使人类生生不息、延绵不绝的可持续发展道路。这也许是方志敏精神永恒的真谛！

我们要继承和发扬方志敏的精神和正气，始终以国家大局为重，以人民利益为先，与时俱进，努力推进建设有中国特色社会主义的伟大事业。

方志敏：践行党的群众路线的先驱*

何立波

在革命斗争实践中，中国共产党人创造性地提出一切为了群众，一切依靠群众，从群众中来，到群众中去的党的群众路线。方志敏就是党的群众路线的积极倡导者和杰出践行者之一。方志敏是赣东北苏区（后改称闽浙赣苏区）的主要缔造者，他情系群众，在斗争实践中形成了具有浓厚乡土气息的群众观的理论和实践，成为践行党的群众路线的先驱。

一切为了人民群众

方志敏出生在江西弋阳县漆工镇湖塘村一个农民家庭。他从小感受到农村生活的艰难，具有强烈的平民意识。他同情农民，憎恨

* 本文原载于《福建党史月刊》2017 年第 4 期。

土豪劣绅，内心深处自小萌发了怜农爱民的思想和追求光明的渴望。“我是一个黑暗的憎恶者，我是一个光明的渴求者。”[1]方志敏领导赣东北人民建立革命根据地和苏维埃政权，公开宣布：“苏维埃政府，是工农群众自己的政府，非常亲近群众，倾听群众的意见，忠实地为群众谋利益。”[2]他明确地提出了“苏维埃——社会主义——共产主义”三个不同层次的革命奋斗目标，并特别强调现实的中国革命是为了推翻帝国主义、国民党的统治，建立全中国的苏维埃政府。方志敏把当时中国革命的前途目标定位在只有发展苏维埃才能救中国这个层面上，反映了方志敏把党的最高纲领和最低纲领有机地统一了起来，代表了最广大人民群众的根本利益。

方志敏提出反映人民利益与要求的奋斗目标，领导群众自己解放自己，自己创造新生活，同时兼顾群众内部各方面的利益，始终关心群众生活，调动群众革命、建设的积极性。他指出：“凡能为群众谋利益，得到群众拥护的革命军队，虽然物质条件较差，仍能胜利”。[3]1928 年 1 月，方志敏等领导了弋（阳）横（峰）两县农

1　方志敏：《我从事革命斗争的略述》（1935 年 3 月），载《方志敏全集》，人民出版社 2012 年版，第 15 页。

2　方志敏：《我从事革命斗争的略述》（1935 年 3 月），载《方志敏全集》，人民出版社 2012 年版，第 83 页。

3　方志敏：《赣东北苏维埃创立的历史》（1935 年 6 月 19 日），载《方志敏全集》，人民出版社 2012 年版，第 197 页。

民暴动。他在弋阳主持召开了五县党员会议，提出了武装起义的纲领："劫杀豪绅地主　铲除贪官污吏　建立劳农政府　平债均分土地　如果中途变心　刀斩弹穿不赦"。[1]这一纲领深受广大群众的欢迎，成为弋横起义的有力驱动力。为保障贫雇农的利益，1929年11月，方志敏领导颁布了《信江特区苏维埃临时土地分配法》，将豪绅地主和一切封建祠堂庙宇的土地全部没收，以村为单位按人口平均进行分配且归农民所有，规定"在谁种谁收的基础上，抽多补少，抽肥补瘦。雇农、贫农和红军家属分好田，豪绅地主分坏田。不会失业的农村手工业工人本人不分田"，[2]还颁发土地证确权。这一举措满足了农民对土地的要求，维护了农民的切身利益，极大地激发了广大贫困农民的生产积极性，农业生产迅速发展，人民生活水平普遍提高。苏区内农副产品产量迅速提高，物价下降，"四块钱一担米，一块钱八斤肉"。群众兴高采烈地唱道："谈谈苏区景呀，同志们听一听呀，苏区的幸福说不尽呀，工人天天有工做，穷苦农民有田分，生活好得很嘞！"广大工农群众切身感受到党和苏维埃是真心实意地为他们谋利益的，他们对苏维埃

1　方志敏：《信江群众斗争的经过与苏维埃的历史》（1930年7月1日），载《方志敏全集》，人民出版社2012年版，第323页。

2　中共福建省委党史研究室等编：《闽浙皖赣革命根据地》上册，中共党史出版社1991年版，第107页。

的信仰和拥护日益提高。

方志敏很关心人民群众的切身利益，把他们的生活记在心头。在敌人对赣东北苏区实行封锁的恶劣环境下，他时刻想着如何改善群众生活。如农民购买农具、耕牛或做小生意缺少资金的问题，食盐及各种日用品缺乏问题，还有婚姻、孩子上学、开办俱乐部、清洁卫生、白区迁入群众的安置、老弱病残救济直至桥船路等等问题，苏维埃都列入议程，想方设法妥善解决，成效卓著。在方志敏的倡导下，苏区实现了免费义务教育。赣东北苏维埃省会葛源办有省属列宁小学，各乡有列宁完小，各村有列宁劳动小学。15 岁以下儿童能够入学学习，各级列宁小学均实行免费义务教育。苏维埃政府实行扫除文盲教育，广泛开办工农夜校和识字班。1930 年底，赣东北苏区创办了妇女职业学校——省三八女子职业学校，走在了全国苏区的前列。苏区非常重视发展群众文艺，积极创办群众文化娱乐场所——红色俱乐部。以乡或较大的自然村为单位，共建有俱乐部 400 余个。经常开展读报、教唱革命歌曲、演文明戏等活动。1931 年 10 月，省苏维埃还组建了工农剧团，演员从机关、学校、乡村、军队中抽调，深入各个乡村、部队、医院进行慰问演出。方志敏亲自登台出演由自己创作的话剧《年关斗争》，深受群众欢迎，在赣东北苏区传为美谈。

方志敏对广大群众的卫生和健康非常关注，他提出要给劳苦群众普及卫生常识，经常组织卫生运动，开展卫生检查，散发卫生宣传单。他指示苏区各地积极开办工农药店，要求红军医院尽可能免费为当地群众看病。为增强人民体质，方志敏发出了“要尽量发动群众的体育运动”的号召，接连几年春季和秋季，省苏维埃都举办了规模盛大的全省、全军或儿童体育运动会，充分显示了苏区军民朝气蓬勃、勇往直前的精神风貌。方志敏还在百忙中设计和筹划修建了供地方干部群众休闲的列宁公园、游泳池和红色广场，努力营造欢乐和谐的氛围。赣东北的群众过上了从来没有过的物质、精神上的好生活。

尊重人民群众的首创精神

方志敏曾对大革命的失败进行了思考：“下层广大工农群众，对于这次革命，只是袖手旁观，没有广泛地发动起来参加革命。革命方面，没有雄厚的群众力量的帮助，当然是不能有力地完成驱逐帝国主义出中国，肃清封建势力伟大的革命事业”。[1]方志敏高度

1　方志敏：《我从事革命斗争的略述》（1935 年 3 月），载《方志敏全集》，人民出版社 2012 年版，第 5 页。

评价人民群众的首创精神："我们苏维埃政府，目前是处于敌人四面围攻和封锁之中，自己的根据地，又是落在经济落后的农村。摆在它的面前，是有不少巨大的困难。这种困难，在其他任何政府，都是没有方法解决的，然而不解决这些困难，政府就要立即溃灭。苏维埃政府是工农的政府，他具有新兴阶级极大的创造力量，它能从各种困难中，想出许多有效的新方法来解决困难。如解决被敌人严密封锁的经济问题；解决经过八九年战争的财政问题，还解决其他许多重大问题，都不是照抄前例的，而是用前所未有特创的新方法去解决的，表现出苏维埃惊人的创造力量！"[1]苏维埃各部门、各单位的领导遇到难题时，方志敏给他们的回答通常是："先问问群众，他们会有好主意的。"一个个难题，就是在群众集思广益的基础上迎刃而解了，方针政策和法律条例随之出台。方志敏与新任命的领导干部谈话时，总是勉励有畏难情绪的干部："我们是鱼，群众是水，群众工作做得好，我们就如鱼得水，什么困难都可以克服。"

解决财政经济问题上，方志敏充分依靠群众，取得明显成效。根据地建立后，如何解决财政问题，是各个根据地面临的共同难

1　方志敏：《我从事革命斗争的略述》（1935 年 3 月），载《方志敏全集》，人民出版社 2012 年版，第 5、83—84 页。

题。一开始普遍采取的是“打土豪分田地”的政策，但这只是权宜之计，难以从根本上解决问题。根本之计还是毛泽东1934年1月所指出的“从发展国民经济来增加我们财政的收入，是我们财政政策的基本方针”[1]。较早实现这一转变的，就是方志敏领导的赣东北根据地。1930年冬，赣东北根据地的土豪打光了，财政问题非常严峻。1931年初，方志敏开始转变经济政策，比中央苏区早了两年。鉴于敌人对苏区实行残酷的经济封锁，方志敏先让省苏财经部向群众广泛征求建议，听取群众意见，广开财源，打破敌人封锁。当时县区乡都设财经机构，从革命群众中挑选政治可靠并“有点本事”的人为工作人员，其中不乏“智多星”型的人物，提出了许多对策：立足本地资源开办工厂（造纸、纺织、被服、织袜、制棺等）；发展土特产（香菇、茶叶、皮毛、红莲子等）；创建消费合作社、合作商店，办工农药店；设物资检查处、对外贸易处、船舶检查处，征税；开放集市贸易，疏通物资交流，等等。其中不少办法属“新招”，有的还与“左”的规定相悖。方志敏毅然决定采纳这些富有建设性的意见并形成政策，指示各部门积极配合。方志敏率先在苏区和白区交界的边境村镇设立了19个贸易处，以农副土

1　毛泽东：《我们的经济政策》（1934年1月），载《毛泽东选集》第1卷，人民出版社1991年版，第134页。

特产品从白区商人那里换取苏区需要的各种物资，这在当时是需要很大胆识的。这项举措在当年即大见成效，下半年赣东北苏区的财政就比较充裕了。国库保管银圆最多时达七八十万元，除供给军需和地方行政外，还供应闽北，支援中央苏区。1933 年春，红十军奉命调中央苏区参加第四次反“围剿”斗争，给中央苏区带去了 2000 两黄金、100 余万元银圆和 40 余箱药品。周恩来、朱德非常高兴，称赞不已，“方志敏同志不简单，你们为中央解决了大问题啊”。

在反“围剿”战斗中，方志敏依靠人民群众首创了一整套颇具特色的战略战术。为应对敌人的堡垒主义，赣东北苏区建造了许多堡垒。人民群众没有建造堡垒的经验，从没学过军事和建筑技术，但他们发挥聪明才智，创造性地建造了坚固的堡垒。石堡在中心，堡外是有掩体的盖壕，壕外有铁丝网，网外有木城，木城外又是盖壕，盖壕外又是土城。方志敏对此感慨道：“这些近乎现代式的坚垒的筑城，真不能不令我们惊叹着群众力量的伟大！”上饶老鸦尖的赤堡就是红色堡垒的范例。敌人“围剿”时向赤堡发射了 1000 余发炮弹，赤堡的上层被打了一个一丈宽的大洞，但赤堡却没有倒塌，守备队仍固若磐石。方志敏自豪地说：“总计敌人攻我这个赤堡，打了一千余炮。我十五支枪的守备队，竟坚持抵抗了五天，最后以身殉堡，比较日本帝国主义进攻济南城和沈阳城，还没有打几十炮，而十几万大军，即无抵抗的溃窜，我觉得我们是可以无愧的了。”[1]

地雷战也是赣东北苏区群众智慧的结晶。地雷战在很多人印象中，是抗日时期的产物。实际上，早在土地革命战争时期，地雷战已在赣东北苏区广泛应用，是赣东北苏区人民的伟大创举。1928年10月，闽北崇安上梅暴动后，敌人重兵分四路进行“围剿”，革命武装被迫转入山区打游击。为了阻止敌人进山“扫荡”，崇安（当时属赣东北苏区范围）县委书记徐履峻率领暴动民众在敌人必经之路埋设了一种最原始的地雷——挨丝炮。这种炮用铁铸成球形，装上火药，击火装置用铁丝控制，只要一碰到铁丝，击火装置就会引爆。此次战斗敌人损兵折将百余人，第一次显示了土地雷这种武器的威力。此后，挨丝炮逐渐在赣东北苏区推广使用。1930年12月，方志敏率红军在弋阳七星尖大摆地雷阵。当敌人1个团钻进我伏击圈时，顿时山崩地裂，敌伤亡500余人，粉碎了敌人对赣东北苏区的第一次“围剿”。方志敏为推广地雷战，于1931年春在横峰密坑创办了地雷厂。同时，省苏维埃还设立了地雷部，各县、区也成立

1　方志敏：《我从事革命斗争的略述》（1935年3月），载《方志敏全集》，人民出版社2012年版，第87、90页。

了地雷部和地雷队，使造雷和用雷走向专业化、正规化。方志敏在谈到省苏维埃地雷部部长余汉朝时兴奋之情溢于言表："赣东北省苏维埃政府的地雷部长，他是个撑船工人，他每月只用大洋三千元，能造出大小地雷一万五千个，顶小的地雷，六斤重一个，顶大的地雷，是一百二十斤重一个，二三十斤和四五十斤重的是中等的地雷。每个地雷，平均计算，只合大洋二角。他能够做出这样的成绩，就是他能够鼓励工人工作的积极性，提高工人的战争热情，故所费小而获效大。"[1]有一次，余汉朝试制了一种瓦罐雷埋在田畈中间，在一定距离内做了一道木板墙，然后拉导火线。木板墙被炸得粉碎，地面炸了一个大窟窿。方志敏高兴地握着余汉朝的手说："你真是个名副其实的地雷部长，这种雷杀伤力很大，可以推广。"赣东北苏区广泛开展地雷战的经验，受到党中央的表扬。1934 年 5 月，中央号召各地苏维埃"利用赣东北苏区的经验，充分使用挨丝炮、拉丝炮等各种各式的地雷，轰炸进攻的敌军"。[2]

为提高做群众工作的水平，方志敏经常深入基层调查，掌握

1　方志敏：《我从事革命斗争的略述》（1935 年 3 月），载《方志敏全集》，人民出版社 2012 年版，第 84 页。

2　《中共中央委员会、中央政府人民委员会给战地党和苏维埃的指示信》（1934 年 4 月 24 日），载《中共中央文件选集》第 10 册（1934—1935），中共中央党校出版社 1991 年版，第 265 页。

一手资料，作为决策依据。为研究分配好土地的问题，他曾多次到农村调查，对土地政策作了修正。1930年秋，方志敏率军从景德镇返葛源，沿途做调查，发现形势好转以后某些地方政权强迫命令、打骂群众，有脱离群众倾向，甚至贪污腐化，丧失阶级立场。方志敏马上写了《苏维埃与群众关系问答》的通俗小册子，教育干部要密切联系群众，防止和克服各种错误倾向。各县以此小册子为教材办了干部训练班，各级新生的红色政权作风建设取得重大进展。在做调查研究的同时，方志敏特别关注发扬民主，把群众路线贯彻到革命政权的建设和领导工作中去，并逐步制度化。1933年春，为开好省第二次工农兵代表大会，作为省苏维埃主席的方志敏，提前两个多月写出了省执委会《对全省选民工作报告书》公布于众，广泛征求对政府工作的意见；同时，规定了县、区、乡苏维埃定期向选民报告工作的制度。方志敏说："苏维埃政府，可以说是世界上最高的德谟克西（即民主）的政府，也是最得群众的拥护和爱戴的强有力的政府。""它能不用一点威力和强迫，领导群众向敌人斗争，作各种建设事业。"[1]

1　方志敏：《我从事革命斗争的略述》（1935年3月），载《方志敏全集》，人民出版社2012年版，第83页。

做群众工作要采取群众能够接受的形式

方志敏认为，不去团结群众，斗争是不会成功的。为做好群众工作，他要求党员干部要更加深入群众，与群众打成一片，“十分艰苦耐劳地教育群众，坚决地站在群众前面，领导群众斗争!”[1]方志敏是从做基层群众工作起家的，组织暴动期间吃住在农家，与农民朝夕相聚。他曾批评在南昌成立的江西改造社的解散是因为不会做工农群众工作的缘故，“社内仅只十几个摇摆犹移的学生，所以做不出什么有力的革命运动来”。[2]方志敏曾在《我从事革命斗争的略述》中写道:“在吉安一带两个月的工作中，我才算真实地实习了群众工作，我学得了怎样去宣传、组织、领导群众斗争的方法；回忆在省农民协会批批公文的工作，不过是官僚的工作而已，真没有什么意思。”[3]后来当了赣东北苏维埃主要领导，方志敏仍然坚持深入基层，从地方到乡、村，从军队到连、排，从经济部门到工厂、合作社。

1　方志敏：《在狱致全体同志书》（1935 年 4 月 20 日），载《方志敏全集》，人民出版社 2012 年版，第 111 页。

2　方志敏：《我从事革命斗争的略述》（1935 年 3 月），载《方志敏全集》，人民出版社 2012 年版，第 18 页。

3　方志敏：《我从事革命斗争的略述》（1935 年 3 月），载《方志敏全集》，人民出版社 2012 年版，第 32 页。

方志敏长期接触基层，摸到社会最深处的脉搏，掌握最终落脚点。

有些同志不会做群众工作、不知道怎样开会，方志敏就带他们去开会，叫他们坐在旁边听。如此几次之后，他们也学会了宣传、组织群众的办法，在各地发动农民建立了众多的农民革命团体。1927 年底，由于方志敏等在横峰做了卓有成效的群众动员工作，只用了 25 天时间，就发动了 5 万群众参加暴动。

方志敏饱尝基层实际工作的艰苦，反复提倡“刻苦耐烦”四字。他说：“不向困难投降，而要战胜困难；不怕生活艰苦，而要忍受一切的艰苦；不怕工农群众文化知识的低下，而要不惮烦地去说服，去教育，这就是我们当时的工作精神。用这样的精神去工作，所谓‘至诚感人，金石为开’，群众哪有不被我们说服争取过来之理！”方志敏自己就是艰苦工作、不厌其烦的榜样。他长期强忍病痛不分昼夜拼命工作，通常每日工作 14 小时，在山村歇脚时总是和群众谈家常，了解群众生活和情绪。方志敏在《我从事革命斗争的略述》中写道：“我们当时的群众工作，是做得很充分的。我们是亲密的与群众联系在一起，大家都是家人兄弟一般。群众不怕受着白军怎样的摧残（这种摧残是异常毒辣的，要叙述出来，是要写一大篇），仍然斗争不懈。群众的房屋被烧毁了，饭锅被打破了，只剩个半口锅，用三个石头搁起来弄饭。我问他们：‘同志们，很苦吧！’他们总是这样答复：‘不要紧，革命成功了，就有好日子过了。’群众既如此坚决地参加革命，拥护我们，白军当然不奈我们何。”[1]

在大力提倡好作风的同时，方志敏非常尊重群众的主体地位，坚决反对违背群众路线的不良作风。他严肃批评“仅仅拿我们的驳壳和手枪，去将某个地主、债主和国民党委员打死”，“群众却在旁边冷观”，“不相信群众力量，过低地估计群众的力量，而过分重视驳壳枪和其他手枪”的驳壳主义。他尖锐地指出：“要对付敌人，只有驳壳和手枪，群众的力量好像是无足轻重的，这是根本的错误。”方志敏把上横南区委书记作为“官僚主义的标本”，来教育干部官僚主义是“一个最有害的现象”。[2]

方志敏谙熟农民心理和农村风俗习惯，执行党的任务时坚持与具体实际相结合。他在组织弋横暴动之始，考虑到农民对革命动员的接受水平，就使用了结义、“上名字”、喝鸡血酒等旧形式，带有秘密会社的某种色彩。在赣东北革命史中流传的方志敏、邵式平化名装扮成游医、商人等与贫苦农民闲聊生活苦楚的故事，也反映了这种组织方式的有效性。

1　方志敏：《我从事革命斗争的略述》（1935年3月），载《方志敏全集》，人民出版社2012年版，第55、50页。

2　方志敏：《关于白区乡村工作的几个问题》（1934年3月），载《方志敏全集》，人民出版社2012年版，第451—453页。

方志敏平易近人，走村串户，一口农家话，懂得农民心，与农民交朋友，倾听民声。他起草下发的文件和编写的教材，语言通俗，把马列主义真理和党的方针政策通俗化，有的还用问答式，工人农民好懂好记。中华苏维埃共和国临时中央政府内务部部长谢觉哉就曾公开称赞：方志敏撰写的文件“都是用农民易懂的字句，写出人们的情绪和确实可行的办法，以解决当前的困难问题，指出奋斗的光明的远景”，“是整工作人员官僚主义和主观主义的一付圣药”。[1]

为防止出现脱离群众的情况，方志敏创造性地推行了“巡视制度”，规定各级苏维埃仅留三分之一的人负责机关日常事务，其他三分之二的人都必须经常出去巡视。以德兴县为例，县苏维埃共有13名干部，经常只有一两个人留守机关，其余都深入一线区乡工作。工作一段时间，全部回到县里汇报工作开展情况，研究解决工作中的困难，讨论决定下一步工作计划，然后又都回到各自联系的地方继续工作。通过这种“巡视制度”，人民群众的意见和苏维埃的方针政策紧密联系在一起，苏维埃工作人员和人民群众也血肉相融在一起，群众主动积极地执行苏维埃的方针政策，苏维埃根本不需要“用一点威力和强迫”。

1　谢觉哉：《光芒万丈的狱中著作——方志敏同志的“狱中纪实”读后》，载谢觉哉：《散文选》，新文艺出版社1958年版，第91页。

感情上与群众同甘苦共患难

方志敏通过做群众工作，对群众路线也有了更深刻的理解。方志敏曾回忆说："有时，我们受着白军的追逐，飞快地爬山越岭；一脱离白军追逐时，我们又唱起革命歌来了，又找到群众开会谈话了。"[1]"患难成至交"，方志敏与广大革命群众结成了骨肉至亲。

方志敏全力以赴地做动员群众的工作，除了吃饭走路外的全部时间都是开会演说、与群众谈话、写文件，总要弄到极度疲倦的时候才去睡觉。有一次区委办训练班，连开了 3 天，他每天都讲课 12 小时。在方志敏的带领下，其他党员干部也都充满激情地忘我工作。群众在党员干部的感召下，纷纷投入革命。方志敏说："用这样的精神去工作，所谓'至诚感人，金石为开'，群众哪有不被我们说服争取过来之理！成千成万的群众，都跑向我们这边来了。"[2]

方志敏对群众的关怀总是无微不至。他把一名即将调赴闽赣苏区工作的贵溪女青年的父亲请到葛源，耐心做思想工作，解除

1　方志敏：《我从事革命斗争的略述》（1935 年 3 月），载《方志敏全集》，人民出版社 2012 年版，第 50 页。

2　方志敏：《我从事革命斗争的略述》（1935 年 3 月），载《方志敏全集》，人民出版社 2012 年版，第 55 页。

顾虑。在奉命北上之际，方志敏还想起有一批在“肃反”中无辜受审的红军指战员仍被关在劳动感化院，马上下令将他们释放并调回部队。他在百忙中对各单位的遣散工作妥善布置，走访群众，叮嘱他们迅速疏散，防止敌人报复。

方志敏认为，苏维埃处在残酷的国内战争的环境中，一切物资和一切力量都付与战争，“苏维埃的工作人员，为战争的领导者，自应以身作则，节衣缩食，刻苦耐劳，为着战争”。[1]他还告诉群众，让缪敏（方志敏妻子）同几个孩子也留在苏区，和大家在一起战斗。方志敏对身边的工作人员要求很严格，经常教育他们：“工农红军是人民的武装，是革命的队伍，我们和群众之间的关系是鱼和水的关系，是血和肉的关系。红军指战员任何人都必须遵守群众纪律，不准做侵害老百姓的事情，不然战争就不能胜利，军队就不能发展，革命就不能成功。”

在方志敏言传身教大力倡导下，赣东北党政军领导机关和各级干部走群众路线蔚然成风。早在1931年3月28日，赣东北特委在批判“立三路线”的基础上通过决议案，明确提出：“今后的一切工作，应该采取真正的群众路线。要改变形式主义的、国民

1　方志敏：《我从事革命斗争的略述》（1935年3月），载《方志敏全集》，人民出版社2012年版，第85页。

党的工作方式，依靠群众斗争，在斗争中组织群众，并且要刻苦耐劳的做群众工作，自下而上做群众工作，要肃清命令主义，要反对工作人员腐化。”赣东北省苏维埃明确规定：“苏维埃的领导方式，必须是具体的实际的群众化的，排斥一切官僚主义的方式。”方志敏、邵式平等领导干部坚持下去巡视和参加群众劳动的制度，长期深入基层与群众打成一片。谢觉哉曾对赣东北苏区干部密切联系群众的制度和作风大加称赞：“这样，人民的意见和政府的决定，交织在一起，政府工作人员和人民也交织在一起，工作的效率很高。不仅在敌人的惨酷进攻下能打胜仗，而且在极艰难的情况下能把人民的生活提高。”[1]

在方志敏的带领下，赣东北苏区的党群、干群、军民关系非常和谐，群众把共产党、苏维埃和红军看成是“命根子”。一切为了人民群众的解放与幸福，尽心尽责地为党的崇高事业而艰苦地工作，勇敢地坚持对敌斗争，甚至不惜牺牲自己的生命，这是方志敏革命一生的真实写照。方志敏在赣东北的革命斗争实践中形成了自己的人民群众观，包含了丰富的理论与实践表达体系，折射出一个共产党员的崇高情怀，具有积极的教育功能。

1　谢觉哉：《光芒万丈的狱中著作——方志敏同志的“狱中纪实”读后》，载谢觉哉：《散文选》，新文艺出版社 1958 年版，第 92 页。

方志敏二次率部入闽*

熊慎端　罗永胜　张金锭

1931 年 4 月和 1932 年 9 月，方志敏率领红十军先后两次越过闽赣边界进入闽北苏区，开展游击战，扩大革命根据地。

1930 年 5 月建立的闽北苏区，以崇安为中心，包括闽北的建阳、浦城和江西的上饶、铅山、广丰边界地区，是在八七会议精神指引下，经过 1928 年 10 月和 1929 年 1 月两次上梅武装暴动，实行武装割据的基础上建立起来的。闽北苏区初创，各方面都面临着很大的困难：一是红军人数和装备不足；二是经济基础薄弱；三是受李立三“左”倾冒险错误的影响，主力部队被调往赣东北参加整编；四是受敌军围困。

1931 年 4 月 27 日，方志敏率领的红十军从江西横峰铺前出发，以急行军速度，28 日到达崇安境内，与闽北红军独立团会合以解

* 本文原载于《炎黄纵横》2019 年第 12 期。

根据地之危。

红十军决定先打掉敌重兵把守的据点长涧源，解除对闽北分区委机关的威胁，然后攻打商业重镇赤石。在方志敏指挥下，红十军于4月29日攻下长涧源，歼敌1个连。接着以两个主力团的优势兵力，于5月3日凌晨围攻赤石镇，激战3个小时后，全歼驻敌1个团。战斗结束，群众敲锣擂鼓，放声欢呼胜利。当时流传一首歌谣："武夷山上泪满坡，九曲溪泮血成河，日盼夜想红军归，报仇雪恨唱凯歌。斗柄回寅已转春，红军来了幸福多，革命才有出头日，苦歌不唱唱新歌。"战斗的胜利大大鼓舞了根据地军民的士气，闽北独立团的战斗力也得到加强，苏区政权迅速得到巩固。

方志敏率领红十军第一次入闽作战，共打了11次仗，取得了"仗仗皆胜"的辉煌胜利，打通了赣东北苏区与闽北苏区的联系。1932年，蒋介石发动第四次反革命"围剿"，部署敌五十六师进攻崇安、建浦苏区，敌六师进攻上饶、广丰苏区，敌七十九师进攻铅山苏区，调福建省防军钱玉光旅进占浦城，刘和鼎五十六师进占建阳和崇安南部苏区，周志群五十五师进占邵武、光泽苏区。除了军事进攻，还在苏区各要道水口筑堡设防，进行经济封锁，妄图割断闽北与赣东北的联系，摧垮以崇安为中心的闽北苏区。为了粉碎敌人的“围剿”，方志敏率部于1932年9月10日，从江西横峰葛源出发，经分水关再度入闽作战。方志敏与黄道在闽北苏区首府大安会合，决定兵分两路，一路打星村，一路打赤石。

星村、赤石之仗，共歼灭刘和鼎部一个团又一个营，粉碎了敌人的南路“围剿”。接着，红十军派出小分队和游击队佯攻建瓯，主力与闽北独立团则突袭浦城县城。浦城之仗，消灭敌人两个团，生俘400多人，打乱了敌人的“围剿”部署。接着，红十军配合红二十二军连克邵武、光泽两县城，然后班师回闽浙赣苏区。

方志敏的红十军二次入闽作战，对于包括福建的崇安、建阳、浦城、邵武、光泽、政和、建瓯、松溪，江西的上饶、铅山、广丰、金溪、贵溪、资溪，浙江的庆元、龙泉，纵横三百余里，人口五六十万的闽浙赣苏区政权建设起到非常重要的作用。从某种意义上说，闽浙赣苏区进入一个全盛时期。

方志敏的红十军二次入闽作战，给苏区留下了光荣的革命精神。1931年5月，方志敏在崇安坑口一座土墙上亲手书写的“中国红军万岁”6个大字，至今依然熠熠生辉。当年红十军作战的主战场是崇安的赤石镇和浦城县城。赤石是武夷岩茶的主要集散地，浦城是当年闽北苏区的“粮仓”，那一仗共缴获黄金 3000 两，银圆 10 万元，筹款 50 多万元，还获得大批苏区紧缺的西药、食盐、布匹等物资，更重要的是闽北苏区数百青壮年懂得拿起枪杆子来保卫红色政权，踊跃参加红军，播下了革命火种。

方志敏情系闽北“三部曲”*

张金锭　罗永胜

方志敏是伟大的无产阶级革命家，他对闽北革命发展所作的贡献是多角度、多方位、多层次、多侧面的，他的革命实践既具有历史性和区域性，又具有时代性和全国性。本文以方志敏情系闽北的“三部曲”为题，介绍方志敏在火红的苏维埃年代，是如何把发展赣东北苏区与发展闽北苏区放在一个平台上，实践他“我是中国苏维埃运动中的一分子，在开展和巩固赣东北苏区的战斗中，在进行苏维埃的建设中，我都是用尽我所有的力量去做的”[1]诺言的。

---

* 本文原载于《福建党史月刊》2019 年第 10 期。

1　方志敏:《赣东北苏维埃创立的历史》(1935 年 6 月 19 日), 载《方志敏全集》, 人民出版社 2012 年版，第 196 页。

第一部曲，想闽北军民所想，从靠拢到联络合并

闽北武夷山脉的分水关，涧水由此南北分开，向北入赣，向南入闽，自古便是福建、江西两省的自然分界线。武夷山境内的桐木关、温岭关、寮竹关、观音观、绵羊关等要隘，与赣东北信江以南的上饶、铅山、广丰等边界，形成群山拥抱的接合部。因此，闽北武夷山与赣东北信江南部边陲，既是两省军民交往的传统通道，又是兵家必争之地。

1928 年 9 月和 1929 年 1 月，在闽北，中共崇安县委两任书记徐履峻、陈耿发动了以上梅为中心的崇（安）浦（城）农民武装暴动后，陈耿又于 1929 年 6 月北出分水关，在江西铅山县发动了以东坑为中心的铅山农民暴动，推动了铅山、上饶、广丰等县南部的革命斗争，暴动中建立的农民革命团隶属中共崇安县委领导。1930 年 5 月崇安县苏维埃政府成立后，在信江以南的边界设立上（饶）铅（山）和广（丰）浦（城）两个区苏维埃政府，为两块苏区的靠拢和联络开辟了通道，创造了条件。

在赣东北苏区，方志敏想闽北所想，有意加大在信江以南一带农民运动的力度，开辟大片新苏区。在政治上，形成一个工农运动

兴隆的边界，在军事上，造成一个两地互为犄角的态势，使两块根据地在党中央正式作出合并决定之前，就奠定了合并的基础。

随着闽北与赣东北两块根据地联络日渐增多，合并条件已经成熟，1930 年 7 月 25 日，中共福建省委特派员（省委秘书长）邱泮林，经上海辗转赣东北到闽北崇安，传达了党中央关于将闽北、赣东北两块根据地合并，关于将闽北崇安红军调到赣东北编入红十军的决定。1930 年 10 月 5 日，闽北崇安红军五十五团和教导团 1500 多人开赴赣东北，编入由方志敏创建的红十军，成为铁的红十军的组成部分。此时，赣东北特委派出的饶功美一行 9 人到达闽北崇安，将中共崇安县委改为崇安县行动委员会，饶功美任行委书记，完成了方志敏制定的闽北苏区日益向外扩大的任务。至此，闽北苏区与赣东北苏区正式合并，闽北苏区成为方志敏创建的赣东北苏区的重要组成部分，这也是方志敏情系闽北与赣东北苏区，为两地军民架起联系和合作“桥梁”的一个生动体现。

第二部曲，急闽北军民所急，从合并到稳定发展

闽北、赣东北两块苏区合并期间，李立三“左”倾冒险错误还在蔓延。闽北红军主力开赴赣东北苏区后，闽北红军的创建人

陈耿、杨峻德先后被调离闽北，此时正值蒋介石发动全国性的反革命“围剿”之际，国民党福建省防军钱玉光第一旅、刘和鼎五十六师进驻崇安，配合国民党江西上饶、铅山汤恩伯部的胡其三、马励武两个团，总兵力达2万多人，对闽北苏区中心的崇安县发动凶猛攻击。

在多于我军数十倍的国民党军的进攻下，崇安赤警营虽英勇抗敌，苦苦支撑苏区局面，最终仍抵挡不住正面的强敌。1930年底，崇安县党政机关被迫退到武夷山上，刚建立5个月的红色区域大部分沦陷，只剩下崇安西乡一带几块地盘，这里军民的生命和财产处于万分危机之中。

这年11月，中央特派员涂振农到达赣东北，传达党的六届三中全会精神，停止执行李立三错误路线。12月6日，方志敏主持赣东北革命委员会会议，成立赣东北特区苏维埃政府准备委员会，并担任准委会五人小组负责人。12月14日，撤销赣东北行动委员会，重新恢复党、团、工会组织。与此同时，方志敏高度关注闽北苏区的军情和民情，他抓住时机，急闽北军民所急，一面撤销闽北党组织的行动委员会，恢复中共崇安县委，将饶功美调回赣东北苏区；一面整编、充实被派往赣东北苏区的闽北红军，成立300多人的闽北独立团，于12月调回到崇安苏区，全面投入反“围剿”的斗争，给闽北崇安苏区军民带来了收复失地的信心和力量；同时又派出肖韶、邹琦、黄富武、李静愚等一行人，于1931年1月到达闽赣交界崇安县的坑口，在坑口成立了中共闽北分区委、分区革命委员会和分区军事委员会，由肖韶任闽北分区委书记，邹琪任闽北分区革命委员会主任兼闽北分区军事委员会主席，李静愚任闽北分区军事委员会参谋长，黄富武任共青团闽北分区委书记。由于方志敏采取了上述重大措施，统一和加强了闽北政治和军事的领导力量，对迅速恢复闽北崇安苏区革命秩序、收复部分苏区失地起到决定性作用。

1931年2月，蒋介石又发动了对中央苏区的第二次“围剿”，在闽北重点部署了对崇安苏区的进攻，崇安苏区再度陷于危急之中。在这紧急关头，方志敏根据在遭敌人残酷“围剿”的苏区中，红军的主要任务应该是配合游击战争和群众斗争，坚决地打破敌人“围剿”以巩固苏区根据地的战略，欣然接受中共崇安县委关于派红十军入闽作战的请求，于1931年4月率红十军进军崇安。红十军这次进闽北，打了十一仗，仗仗皆胜，不但建立起了红十军在闽北的军威，还奠定了闽北苏维埃和红军向前胜利发展的基础，这是政治上的一个极可贵的收获。红十军的这次入闽，生动体现了方志敏在实践群众路线时所坚持的亲民思想，崇安苏区不仅收复了失地，也进入了军民大练兵大发展的时期。

1932 年 9 月，方志敏为履行“是要从争取战争的胜利中来扩大闽北苏区，特别着重打通闽北与赣东北两个苏区的联系”[1]的使命，再次率领红十军入闽作战。

方志敏急闽北军民所急，两次出兵闽北苏区作战，保障了闽北和赣东北军民的根本利益，在两块根据地史册上写下了辉煌的记录。第一，为稳定和发展以崇安为中心的闽北苏区起到了决定性的作用。第二，为提高和加强红十军的军威、军力产生了重大影响。第三，为两块根据地军民的人际往来、商业贸易、金融交流等事业带来了新的机遇。第四，在赣东北的南大门打造了一块被毛泽东誉为“方志敏式”的革命根据地，也为方志敏的革命人生画卷增添了精彩的一页。

第三部曲，解闽北军民所需，从稳定发展到开创新局面

闽北苏区进入稳定发展时期后，急需一位具有非凡胆识和才能

1　方志敏：《我从事革命斗争的略述》（1935 年 3 月），载《方志敏全集》，人民出版社 2012 年版，第 78 页。

的领导者主政。方志敏解闽北军民所需，委派他的亲密战友黄道于1931年7月到闽北出任中共闽北分区委书记，主持闽北党政军全面工作。

在这历史性转折时期，黄道审时度势，卓有成效地进行了六项意义深远的决策：在政治上，由他主持召开了第一次中共闽北分区委扩大会。会议制定了深入发动群众、进行土地分配、建立健全苏维埃政权、加强红军独立团建设、发展地方武装等任务的决议案，并将这个《政治决议案》作为指导闽北苏区稳定和发展的纲领性文件。在军事上，由他主持以红十军留在闽北的特务营为骨干，整编成立闽北独立团，红军虎将黄立贵任团长，为闽北建立了第一支训练有素的红军主力，并成立中共闽北分区军事委员会和军分区，黄道任总政委，加强党对红军的绝对领导。在政权上，由他主持召开闽北分区第一次工农兵代表大会，将闽北分区革命委员会改称闽北分区苏维埃政府，正式成立了代表闽北人民根本利益的工农政权，为闽北苏维埃政权建设树立了榜样。在经济上，成立闽北银行，建立制币厂铸造银圆、印制纸币；建立以兵工厂为主体的十几家工厂；成立商业机构，设立对外贸易处，主司闽北商业。在文化上，建立列宁师范和列宁小学，创办党校、军校，普及列宁文化室、农民俱乐部、红军医院。在农业方面，大力发展粮食生产和多种经营。闽北苏区呈现一片兴旺气象。1933 年 4 月，中央人民委员会第四十次常会决定将闽北苏区与建、黎、泰、金、资、光、邵，以及信抚两河间一带地区划为闽赣省。

崇安作为闽北苏区的中心被并入中央苏区闽赣省，闽北苏区自此从发展时期进入繁荣时期。繁荣时期的闽北苏区包揽福建的崇安、浦城、建阳、光泽、邵武、松溪、政和、建瓯，江西的铅山、上饶、广丰、资溪、贵溪、金溪，浙江的江山、庆元、龙泉边界地带，纵横三百余里，人口五六十万的广大地区，是中央苏区的坚强一翼。这也是方志敏关于“苏维埃可以救中国”理论在闽北苏区得到广泛实践和应用的生动体现。

1934 年 10 月，中央主力红军实行战略转移。在此局势下，国民党调集 10 万大军进攻以崇安为中心的闽北苏区。1935 年 1 月，闽北分区党政军机关撤出崇安县大安，全面转入游击战争。在三年艰苦卓绝的游击战争中，黄道运用方志敏的亲民思想和游击战术，根据闽北游击战争形势和特点，创造性地采取以苏区为依托，挺进敌后，开辟新区，内线和外线结合，开展游击战争的总方针，在与中央失去联系的情况下，在进攻者长年“围剿”的险恶环境中，依靠群众，独立支撑，顽强坚持，谱写了许多震撼闽浙赣边区的重要事件和重大战例。

这期间，中共闽赣省委组建的红七军团进入方志敏领导创建的闽浙赣根据地。1934 年 11 月，中央军委电令红七军团与红十军合编为红十军团，方志敏为红十军团军政委员会主席。红十军团参谋长、红军挺进师师长粟裕，根据方志敏的作战部署，于 1934 年秋和 1935 年春，两次率领红军挺进师进入闽北游击根据地，与黄道等人会面，将挺进师 200 多名红军骨干留给闽北独立师，同时又在隶属闽北游击区的崇安、浦城、龙泉、江山等地开展活动，有效地打击了国民党围攻闽北游击根据地军民的气焰，为推动闽北、闽赣边、闽浙边军民连成一片创造了条件。

在闽北三年游击战争的中期，黄道出于闽赣边区战局发展需要，主动与闽东领导人叶飞在政和县洞宫山举行会谈，随后，于 1936 年 6 月在崇安县岚谷乡的黄龙岩成立了中共闽赣省委，黄道任省委书记。闽赣省委下辖闽北、闽中、抚东、闽东 4 个分区委，遍及闽浙赣三省 26 个县的广大地域，其中江西是上饶、广丰、铅山、金溪、贵溪、资溪等 6 个县。截至 1937 年 7 月前，闽北大地赢来了保持革命组织、保持革命武装、保持革命阵地的重大胜利，成功地在南方八省15块游击根据地中树起一个闪光的战略支点。

抗日战争时期，以黄道为书记的中共闽赣省委，一方面改变政策策略，与闽赣边国民党进行有理有利有节的斗争，保存了有生力量；一方面以民族大义为重，与江西国民党当局在光泽县大洲举行了国共和谈，达成了闽赣边区合作抗日的协议，给闽北游击区军民带来了新局面。

1938年1月，根据方志敏军事思想培育成长的1500多人的闽北红军游击队，在江西铅山县石塘镇集中，整编为国民革命军新编第四军第三支队第五团。2月，从石塘开赴皖南抗日前线，成为由叶挺军长指挥的一支英雄团队。

为闽北老苏区立下赫赫战功的黄道，在石塘送别五团奔赴抗日前线后，与曾镜冰等闽浙赣特委领导话别，从横峰乘火车回江西南昌，任新四军驻赣办事处主任。至此，由方志敏派到闽北主政全面工作的黄道，正式离开闽北老苏区。

方志敏、黄道为闽北老苏区建立的一座座历史丰碑，闽北老区军民永世不忘。武夷山坑口村至今仍保留着方志敏题写的“中国红军万岁”6个大字，这里也成为闽北爱国主义和革命传统教育的重要基地。

方志敏与彭湃的友情*

王春华

彭湃与方志敏，都是中国现代革命史上杰出的农民运动领袖。

彭湃，广东海丰县人，1896 年 10 月生，1917 年赴日本早稻田大学读书，学的是政治经济专业，其间研读了社会主义学说，1921 年毕业后回到海丰。1922 年下决心“到农村去做实际运动”，脱下学生装，穿上粗布衣，深入农村，与农民谈家常，交朋友，把群众陆续组织起来，成立了许多农民协会，农民运动席卷广东省。他还创办了广州农民运动讲习所，写出了《海丰农民运动的报告》一书，给全国农民运动培养了许多骨干。

方志敏，江西弋阳人，1899 年生。1925 年夏天，在家乡漆工镇湖塘村创建了赣东北第一个农民协会，是赣东北——闽浙赣革命根据地和红十军团的主要创始人，是享有盛誉的革命先烈，牺牲时

* 本文原载于《炎黄纵横》2021 年第 3 期。

年仅36岁。

方志敏与彭湃的友谊，是在农民运动中建立起来的。

1926年5月1日，方志敏到广州参加广东省第二次农民代表大会，第一次见到彭湃。农民代表大会开了五天，他从彭湃的谈话、演说、报告中，学到了许多农民运动的方法。

1927年3月28日，彭湃、方志敏一道出席毛泽东在武汉主持召开的粤、湘、赣、鄂农民协会代表和河南农民自卫军代表联席会议。会上，毛泽东提出“重新分配土地”的主张，得到彭湃、方志敏等的坚决支持。会议成立了中华全国农民协会临时委员会，毛泽东、彭湃、方志敏等当选为执行委员。

一个月之后，中共第五次代表大会在武汉召开。毛泽东最关注的是农民问题。他曾征求彭湃、方志敏等人意见，共同议定将一个广泛重新分配土地的方案提交大会，此提案却被压了下来，没有讨论。

1926年11月下旬，时任中共中央农民运动委员会书记的毛泽东，提出一份农运计划，指出：“在目前状况之下，农运发展应取集中的原则。全国除粤省外，应集中在湘、鄂、赣、豫四省发展。”[1]此计划得到方志敏的坚决支持，方志敏还赞同毛泽东提出的

1　金冲及主编：《毛泽东传（1893—1949）》，中央文献出版社1996年版，第119页。

在武汉举办中央农民运动讲习所的倡议。

1927 年 1 月，党中央派彭湃到南昌指导工作。此时省委决定让方志敏到赣西去做农民运动工作，彭湃了解到方志敏和缪敏相爱了，就催促他们尽快成婚。6 月 5 日，方志敏和缪敏结婚。彭湃做他们的证婚人，还写了一副对联：“坚决拥护中央政策，方缪双方奋斗到底；努力加紧下层工作，准备随时流血牺牲。”结婚后不几天，方志敏到了吉安、吉水、莲花、安福四县大规模地开展“二五减租”运动。

1927 年 8 月中旬，方志敏从吉安回到弋阳、横峰从事革命活动。得知八七会议精神后，“好不满心欢喜”。11 月中旬，他潜赴横峰，深入群众调查研究，提出了“平债分田”的口号。12 月 10 日，发起轰轰烈烈的横峰年关大暴动，暴动的范围占了全县的一半地区，参加的群众有 5 万余人。

1927 年海陆丰举行了三次武装起义。10 月 25 日，彭湃发出了第三次武装起义的命令。11 月 8 日，彭湃从香港回到海陆丰，接着陆丰和海丰分别召开工农兵代表大会，选举产生了苏维埃政权，中国历史上第一个县级苏维埃政权就此诞生！

彭湃创造了全国第一个县苏维埃，开创了中华苏维埃历史新纪元。方志敏经过几年的努力，创建了赣东北——闽浙皖赣模范省苏维埃。毛泽东则创建了中华苏维埃共和国。他们在中国现代革命史上都建立了不朽的功勋。

彭湃为农民协会确定的“四图”的宗旨，即“图农民生活之改造、图农业之发展、图农民之自治、图农民教育之普及”；他解释的“社会主义，是社会一部分有心人，本着博爱的心肠，对于现代社会制度（组织），打抱不平，因而发现一个新的社会组织来代替他”，其中的“博爱的心肠”，以及他诗中写的“愿消天下苍生苦”“江山栽遍自由花”的思想，永远闪耀着光芒。

后来，方志敏被捕，在狱中写道：“彭湃同志是广东农民群众最有威信的一个首领，他于一九二九年在上海被国民党屠杀了！他的名字，是永远在中国革命历史上辉耀着，广东的农民群众，也永远不会忘记当日领导他们向地主斗争的领袖！”[1]

周恩来说彭湃“早已成为广大群众最爱护的领袖”。瞿秋白也高度赞扬彭湃说：“他是做群众运动工作的模范，他是真正能深入到群众里面去的同志。他的勇敢、果决的精神，工作的能耐，在从来未有的中国白色恐怖之下工作，这是党内同志无论哪一个都是

1　方志敏：《我从事革命斗争的略述》（1935 年 3 月），载《方志敏全集》，人民出版社 2012 年版，第 26 页。

极端的佩服他的。他是中国劳苦的农民群众顶爱的、顶尊重的领袖……”[1]

毛泽东 1934 年 1 月在瑞金召开的第二次全国工农兵代表大会上说：“赣东北的同志们也有很好的创造，他们同样是模范工作者。”“他们是认真地在那里进行工作，他们是仔细地在那里解决问题”。[2]方志敏在《清贫》一文中写道：“在这长期的奋斗中，我一向是过着朴素的生活，从没有奢侈过。”“为革命而筹集的金钱，是一点一滴地用之于革命事业。”[3]这就是方志敏，他不愧是共产党人清贫廉洁的楷模和光辉的典范！

1　王朝柱：《周恩来在上海》，中国青年出版社 1998 年版，第 333 页。

2　毛泽东：《关心群众生活，注意工作方法》，载《毛泽东选集》第 1 卷，人民出版社 1991 年版，第 140 页。

3　方志敏：《清贫》（1935 年 5 月 26 日），载《方志敏全集》，人民出版社 2012 年版，第 162 页。

方志敏情系红色报刊*

杜学峰

1919年，方志敏考入江西省立甲种工业学校，在黄道、袁玉冰的邀请下，参加了“江西改造社”，参与《新江西》季刊的工作，发表《私塾》《哭声》《呕血》等作品，引起了中共中央的高度重视。1922年7月初，方志敏从九江南伟烈学校自动退学，漂泊上海，走上职业革命家的道路。8月，经赵醒侬介绍，在上海加入中国社会主义青年团。9月初，回到南昌时，《新江西》季刊已迁往北京，有“江西改造社”成员参加编辑和撰写文章的南昌《大江报》被军阀当局勒令停刊。但是，方志敏宣传马克思主义的脚步没有停止，他以私立心远大学旁听生的身份作掩护，筹划创办南昌文化书社。当月，南昌文化书社正式在南昌百花洲席公祠附近开业，由方志敏担任经理。南昌文化书社专售革命书报，陈列的书籍名目繁多，大都是新出版的社会

* 本文原载于《炎黄纵横》2021 年第 3 期。

科学书籍和报刊，如《共产党宣言》《资本论入门》《唯物论浅说》《共产主义ABC》等书籍以及《解放与改造》《向导》《先驱》等报刊。这是江西第一个从事无产阶级革命活动的据点。书店开业后，吸引许多进步青年。方志敏不顾生活艰难，投入全部精力办书社，由于过度操劳引起肺病复发，不得不住进医院。

邵力子创办的《民国日报》副刊《觉悟》，旨在宣传新文化运动，由著名活动家陈望道、施存统等担任编辑，影响很大，深受青年欢迎。1920 年起,《觉悟》开辟“随感录”“诗”“小说”“剧本”专栏，发表文艺著译。1920 年，方志敏致信《民国日报》，就《觉悟》副刊发表的《捉贼》小说谈了自己的看法，引起邵力子注意，他给方志敏回信说:“你的看法一针见血，指出了社会的本质和病根。”邵力子还约方志敏给报社写稿。方志敏给《觉悟》副刊投去散文诗《哭声》和《呕血》，先后得到刊登。

1922 年 7 月，方志敏到上海拜访《觉悟》的编辑。邵力子发现二十出头的方志敏不仅才华横溢，对社会和政治也有相当的洞察力，便伸出援助之手，帮助这个生活困窘的年轻人。他说:“你白天到上海大学旁听，晚上到报馆做校对吧!”在上海，方志敏还结识了恽代英、张太雷等著名共产党人。

1925年夏，方志敏回到江西弋阳，创建中国共产党漆工镇小组，组织弋阳青年社，出版《寸铁》旬刊，领导农民运动，开展武装斗争。《寸铁》意味着“哪怕是一寸铁，也是战斗的武器”。

1927年5月，根据方志敏的提议，江西省农民协会机关刊物《锄头》创刊。方志敏为刊物撰写发刊词：“碰着一身透湿，让风雨去淋头，不管一身的大汗，让太阳去煎逼。总之，不管它肚饥身寒，我们只知道低头成天弄我们的锄头！因此，人们老是看不起我们这些粗莽的锄头！十几年来，军阀的猖狂，帝国主义的横暴，以至于为民众牺牲的烈士，头颅的空抛，鲜血的枉流，而今日仍是这样的恶毒的世界。归根结底，还是不曾注意到我们的锄头！”[1]

1927年南昌起义后，方志敏先后任中共弋阳区委书记、中共横峰区委书记、信江苏维埃政府革命军事委员会主席等职，在他的领导下，形成“工农武装割据”的局面。1934年1月，毛泽东在第二次全国苏维埃代表大会上称赞赣东北是“苏维埃模范省”。

要武装工农，首先要宣传工农。闽浙赣革命根据地红色刊物，仅省级就有十多种，如省苏维埃政府机关报《工农报》和《红色东北》，省委机关刊物《红旗》《突击》，省军区的《红星报》和《前线》，

1　方志敏：《〈锄头〉发刊词》（1927年5月22日），载《方志敏全集》，人民出版社2012年版，第289页。

省工会的《工人特刊》，共青团省委的《列宁青年》和《青年实话》，省互济会的《互济生活》，信江特委的《红旗报》、省委的党内刊物《党的建设》，共青团省委内部刊物《团的建设》等。这些红色刊物为革命大造舆论，为农民运动大声叫好，为工农武装呐喊助威，起到宣传群众、发动群众、组织群众的巨大作用。

1929年春，方志敏领导创办信江特委机关刊《红旗》，每期有8至10个版面，主要转载中国共产党关于中国革命的主张与导向方面文章，以及江西省委、信江特委对苏区各项工作的指示、方针政策和斗争策略。1930年7月，信江特委改为赣东北特委，特委宣传部长黄道担任《红旗》主编。1932年底，《红旗》改为中国共产党闽浙赣省委机关报，成为地方党组织手中高举的一面鲜红的旗帜。

在方志敏创办的报刊中，出版时间最长、发行量最多、影响最大的报纸是《工农报》。1930年8月，《工农报》创办于江西省弋阳县芳家墩，1932年11月，成为闽浙赣省苏维埃政府机关报，社址迁至江西横峰葛源。该报曾先后发表方志敏撰写的《庆祝消灭九林炮台的胜利，更积极准备消灭一切炮台》《为全部实现省苏维埃农业生产计划而斗争！》的社论，对闽浙赣省苏维埃政权建设起了指导作用。1933年4月30日，《工农报》还公布了贪污腐化分子的“黑名单”。此举发挥了舆论监督作用，得到苏区民众的好评。

除经常为《工农报》撰文外，方志敏还十分关心报社采编工作，帮助解决困难。例如，报社缺少专业人才，他从上海、南昌、景德镇等城市请来技术人员。缺乏印刷机器，他设法通过白区党组织或朋友帮助购买。纸张质量不过关，他来到生产毛边纸的苏维埃纸厂，同工人师傅研究试验，终于生产出质量过关的印刷用纸。在方志敏的帮助下，《工农报》的宣传质量不断提高，成为赣东北苏区最出色的报刊之一。

办报过程中，方志敏始终掌握正确舆论导向。1933年7月1日，他在闽浙赣省委机关刊物《突击》创刊号上发表评论《加紧白区工作来开展大块的新苏区》，开门见山地提出："我们苏区，应该巩固地向前发展，应该从大大的发展新苏区中，去巩固原有的苏区根据地！"[1] 1934年3月，他在《突击》第8期发表《关于白区乡村工作的几个问题》，强调"将武装拿到我们自己手里来"，"白区的党组织应该牢牢记住从阶级敌人的手里夺取武装，这是保障我们武装暴动胜利的必要条件"。[2]

1　方志敏：《加紧白区工作来开展大块的新苏区》（1933年7月1日），载《方志敏全集》，人民出版社2012年版，第422页。

2　方志敏：《关于白区乡村工作的几个问题》（1934年3月），载《方志敏全集》，人民出版社2012年版，第455页。

方志敏的清贫精神*

曾纪鑫

一

2017 年 7 月，我们一行在江西省横峰县参观葛源革命烈士纪念馆及中共闽浙赣省委机关、省苏维埃政府、省军区司令部旧址后，便向怀玉山进发。

山高路远，车在刚修的水泥路面行驶，左弯右拐，盘旋而上。碧空蔚蓝如洗，艳阳高悬头顶。近看，两边是深邃的峡谷；远望，是连绵起伏的山峦……面对窗外景致，大家议论纷纷：想当年，方志敏率领红军在这一带闹革命，以根据地为依托，以大山作掩护，来去无踪，如鱼得水，国民党军队还真拿他们没什么办法呢！然

* 本文原载于《福建党史月刊》2020 年第 11 期。

而，受诸多条件所限，在国民党军队的大力“围剿”下，方志敏创建的红十军最终失败，所建立的赣东北、闽浙赣根据地失陷，他本人也在怀玉山陇首村被俘。

怀玉山的玉峰，建有方志敏纪念碑、纪念园、纪念馆；怀玉山景区的太阳坑、陇首干坑村、高竹山等地，还有方志敏最后就餐遗址、《方志敏自述》撰写地、方志敏蒙难纪念亭等。

玉峰在望，停车步行，走不多远，便是中国工农红军北上抗日先遣队纪念碑。这座纪念碑设计得十分别致，与普通纪念碑不同的是，碑身为两道宽大的幕墙：前面幕墙白色的背景上，刻着方志敏的鲜红手迹“为了可爱的中国”；后面更为高大的幕墙呈铁黑色，前后两道幕墙构成的内里是红军北上抗日先遣队的行军路线，用红色箭头标示，并配有每一重要战役的文字解说。纪念碑前广场占地1000平方米，象征血洒怀玉山的1000多名红军官兵；碑后是郁郁葱葱的青山，其象征意义不言而喻。

当年，红十军毫不犹豫地服从中共中央命令，离开赣东北前往瑞金，支援中央苏区第四次反“围剿”。完成任务后回怀玉山，又与前来会合的寻淮洲红七军组成红十军团，打着“北上抗日先遣队”的旗号，8000多名官兵踏上新的征程，经浙西向皖南进发。

尽管红十军团士气高昂信心百倍，出征之初还打了几场规模不大的胜仗，但孤军奋战，就当时的形势而言，它无法取得最后的胜利，反为国民党集中力量围歼红军有生力量提供了可乘之机。

以 1934 年 12 月 14 日的谭家桥战役为转折，抗日先遣队开始每况愈下。谭家桥之战从凌晨打到下午 5 时，双方各伤亡二三百兵员，形成对峙局面。但国民党大批援军逼近，红军不得不主动撤出战斗。这场战斗看似打成平手，但红军干部伤亡过多，骁勇善战的师长寻淮洲身负重伤，在转移途中牺牲；军团政委乐少华、政治部主任刘英负伤；文武双全的团长黄英特阵亡……最为关键的是，部队情绪、斗志受到极大影响。此后，红十军团在皖南、浙赣边境穿插转移，时东时西，忽南忽北，行踪不定。面对红军的游移状态，国民党军采取了“拉网式”追堵方式，一步步缩小包围圈。

面对危如累卵的严峻局势，在天目山下的浙江淳安县茶山村，红十军团军政委员会不得不召开了一次紧急会议，讨论下一步行动方案。有人认为应分散行动各自为战，有人强调严格执行中央命令不能分兵，方志敏则主张回到他所创建的赣东北苏区。他说：“按照多年斗争经验，我认为只要返回苏区，总有办法可想。”作为红十军团军政委员会主席，他的话一言九鼎，很快得到大家的认可。

于是，抗日先遣队结束了为期 50 天的皖南行动，于 1935 年 1 月 10 日开始向怀玉山下的化婺德苏区进军。

方志敏与政治委员乐少华、参谋长粟裕率领由军团机关人员、卫生员、伤病员等 800 多人组成的先头部队，先期离开茶山村，取道浙西，回师赣东北苏区，军团长刘畴西带领尚剩的 2000 多名主力部队跟进。然而形势骤变，红军主力离开苏区后，根据地力量薄弱，已被国民党军队攻陷，无法成为他们的调整、休养之地。留在苏区的一部电台也被敌军破坏，方志敏难以了解到最新的情况，仍率队向苏区前进。而进入苏区的要道又被国民党军队布置了好几道纵横严密的封锁线。返程虽然不到 100 公里，但对红十军团来说，可谓困难重重、险象环生。

前有敌军的封锁堵截，后有蒋介石调集的嫡系部队及各路杂牌军追击，抗日先遣队只有继续向怀玉山前行，杀开一条血路，以跳出重围，摆脱“清剿”。1935 年 1 月 16 日，方志敏率领的先头部队终于突破国民党军队第三道防线，抵达江西德兴县陈家湾村。然而，刘畴西率领的红军主力仍在敌军以怀玉山、三清山为圆心合围的封锁线内。方志敏决定亲自带领十多名警卫人员返回包围圈接应。粟裕恳请自己前往，他对方志敏说：“你是一军之主，不能返回!”并让大家举手表决。众人无一例外地举手同意，但方志敏断然拒绝了，他说:“先头部队由粟裕带走，这是命令，必须坚决执行!”

关键时刻最能体现个体生命的人格与品格、胸怀与境界，方志敏毅然选择了困难、凶险与死亡，将生的希望留给了身边的战友……

二

红军北上抗日先遣队纪念碑前的广场显得十分空旷。我们继续向上攀爬，前往位于另一座山岭的清贫园。

清贫园由小广场、清贫碑、景观矮墙、方志敏头像雕塑等组成，背景是海拔 1500 多米的怀玉山主峰云盖峰，一眼望去，显得气势磅礴，撼人心魄。方志敏被捕后，留下了《清贫》《可爱的中国》等脍炙人口的篇章。清贫园内立有 4 块小碑，分别刻着“清贫”“爱国”“奉献”“创造”8 个大字，很好地概括了方志敏一生的精神内核。

据相关资料记载，方志敏天赋极高，领悟力、记忆力很强，求学时即受到老师的称赞与同学的敬佩。他本可有一个世俗之人看来美好的前程，但面对积贫积弱的现实，他不惜抛弃一切，选择了救国的革命道路。他没有一兵一卒，回到家乡组织农民暴动，创立了被誉为“方志敏式”的革命根据地——赣东北根据地；并以农民武装为基础，创建了红十军；他还创办了一所正规的军事院校。方志敏的奉献精神，主要体现在对中国共产党及党中央的忠诚，他为中央机关、中央红军多次提供大量银圆、黄金。为配合中央红军第五次反“围剿”，他奉命率领红十军离开自己一手打造的赣东北根据地，明知凶多吉少，仍义无反顾地向国民党心脏地带——宁沪杭方向主动出击。他说：“我们一切都该听从中央指挥，尤其是军事，更要集中与统一”。[1]又说：“党要我做什么事，虽死不辞！”[2]而清贫，更是方志敏精神的画龙点睛之笔。他在狱中完成的《清贫》一文长期入选小学语文课本，影响了一代又一代国人。

关于方志敏被捕，以前我并不知道真相，此次才弄清是由于叛徒出卖。本已突出重围的方志敏返回包围圈，找到了红十军团主力部队。茶山村会议形成一致决议后，军团长刘畴西顾虑部队疲劳没有下令夜行军，而在浙江衢州境内的杨林镇宿营，结果部队被追击的国民党军队一个团赶上，双方发生激战。化险为夷后，刘畴西未

1　《方志敏生平年表（1899 年—1935 年）》，载《方志敏全集》，人民出版社 2012 年版，第 508 页。

2　方志敏：《我从事革命斗争的略述》（1935 年 3 月），载《方志敏全集》，人民出版社 2012 年版，第 93 页。

吸取教训，仍让部队夜晚就地休息。一误再误，不仅错过了原定的与方志敏会合的机会，更失去了突围的大好时机。军情瞬息万变，几天延误，国民党军队 14 个团的追击部队全部赶到怀玉山地区，形成了一道铁桶般的围墙。面对十多倍的敌军，经过七天七夜的艰苦奋战，红十军团虽打死打伤大批敌军，但自己的伤亡与日俱增，不断被分割、冲散，陷入弹尽粮绝的困境。无奈之际，方志敏、刘畴西只好下令部队分头突围。2000 多人的红十军团主力部队，除少数逃脱外，大多战死或者被俘。

方志敏被敌军冲散后，身边只剩 3 个机要人员和 1 个警卫员。到处都是国民党军队，他们好几次突围都没能冲出封锁线。已经七天七夜没吃饭了，他们饿得两眼昏花，连走路都两腿发抖。方志敏不得不做好最后准备，他让机要员和警卫员将中央指示、电台密码全部销毁。不久，3 个机要员也被冲散了，方志敏身边仅剩警卫员魏长发。

这天晚上，他们躲在山上的一个石煤洞中。山上找不到一粒粮食，只好啃咬冻得像冰棍一样的枯草，或寻找树枝上残留的野果，偶尔发现几个野蜂窝，便就着蜂蜜与死蜂一同吞咽。魏长发是江西上饶县人，出身贫穷，两年前参加红军，他有个姐姐，5 岁时作为童养媳嫁给了离此不远的陇首村一户陈姓人家。魏长发想下山去姐姐家弄些粮食充饥，他想告诉首长，又担心方志敏不同意，因为这样做不仅有可能暴露目标，还会连累当地百姓。但他肚子实在饿得不行，第二天凌晨，他趁方志敏熟睡之际，偷偷走出洞穴，向山下走去。国民党军队已掌握方志敏的大量信息，在陇首村及周围布下了岗哨。魏长发刚一进村，就被国民党守军抓获，押至离他姐姐家仅一墙之隔的团部。团长亲自审问，以金钱和女人相诱惑："只要你供出方志敏的下落，我赏你一百块大洋，外加一个漂亮的老婆！"魏长发闻言，不禁两眼放光，人性的邪恶立时占了上风，于是，没等敌军动刑，他就叛变了。

方志敏一觉醒来，不见了魏长发，且长时间不回，不由得高度警觉起来。他走出山洞，两次冲向程家湾国民党军队封锁线，都没有成功。于是，他只好躲在高竹山上的一棵木梓树下，捡了些树枝、树叶铺在身上作掩护。

当时，国民党军队以为方志敏已经冲出怀玉山包围圈，都准备收兵了，而魏长发的叛变告密招来更加严密的追捕。在"生擒匪首方志敏赏大洋八万"的刺激下，国民党官兵恨不能将所有隐蔽的地方搜个底朝天。他们搜了 6 个小时，并未发现方志敏行踪，只好撤下山去。眼看国民党官兵大队人马离去，方志敏掀开身上的伪装，从柴草堆中钻了出来，拍拍身上的树叶准备转移。就在这时，他被两名掉队的国民党士兵发现了。

方志敏被捕的日子是1935年1月29日，这天，中央红军正在一渡赤水。

两名国民党士兵开始对方志敏搜身，结果除了一块怀表、一支钢笔外，连一个铜板都没有。他们以为方志敏将大洋或金镯、金戒指之类值钱的东西藏起来了，便威胁他拿出钱财。方志敏说："我不比你们国民党当官的个个都有钱，我今天确实是一个铜板也没有，我们革命不是为着发财！"两个士兵仍不甘心，又在他身上搜了一遍，还在他藏身的地方及其周围搜寻了一番，依然毫无所得。他们不禁十分失望，便商量着将怀表和钢笔卖掉，所得的钱两人平分。

此前，方志敏也遇到过类似凶险。一次，他来到上饶横峰县霞阳村，刚进村就被国民党军队发现了。机警的他赶紧向村外跑去，敌军紧追不舍。在这紧要关头，路上突然出现了许多白闪闪的银洋，跑在最前面的几个士兵立即停下脚步，开始你争我抢。原来，村里的群众发现情况危急，赶紧将几箱从土豪家里没收的银圆丢在路上，以此缠住国民党军队，方志敏得以躲过一劫。然而，方志敏"身价八万”，袋无分文，这样的情形不可能再次重演。方志敏曾说：“清贫，洁白朴素的生活，正是我们革命者能够战胜许多困难的地方！”[1]清贫，决定了他的命运；也正是清贫，使得他的事迹广为传颂。

清贫园内的清贫碑上，刻着方志敏《清贫》全文手迹，文章开篇写道：“我从事革命斗争，已经十余年了。在这长期的奋斗中，我一向是过着朴素的生活，从没有奢侈过。……”

方志敏执掌实权，经手的款项多达数百万元，而自己却吃糠咽菜，拒穿新衣，过着艰苦朴素的生活。据相关资料记载，方志敏的母亲得知儿子当了共产党大官，想找他要点钱修缮一下无法居住的破房子。方志敏婉言拒绝：“我当的是穷人的主席，哪有官饷啊！”一次，红军打了胜仗，方志敏的妻子从战利品中挑了一块绒布，准备做庆功会的演出服。方志敏得知，立即严厉批评，并责令她送回。身为闽浙赣根据地主要领导，他到各地巡视工作时，从来不准下级招待，违者受到严厉批评。他严于律己，从不收受礼品，也不准许红军部队、苏维埃政府机关接受任何礼物……

方志敏刚一被捕，就被押到山下陇首村团部，也就是警卫员魏长发出卖他的那间屋子。当他的身份得到确认后，第二天便被押到

1　方志敏：《清贫》（1935年5月26日），载《方志敏全集》，人民出版社2012年版，第164页。

玉山，再经上饶、弋阳，解到南昌，囚禁在国民党军法处。他在狱中写道：“为着阶级和民族的解放，为着党的事业的成功，我毫不希罕那华丽的大厦，却宁愿居住在卑陋潮湿的茅棚；不希罕美味的西餐大菜，宁愿吞嚼刺口的苞粟和菜根；不希罕舒服柔软的钢丝床，宁愿睡在猪栏狗窠似的住所！……一切难于忍受的生活，我都能忍受下去！这些都不能丝毫动摇我的决心，相反的，是更加磨炼我的意志！”[1]

清贫，于方志敏而言，不仅是一种身体力行的实践，更是一种心境，一种追求，一种人格魅力，一种不朽的精神。

三

方志敏自参加革命加入共产党，就以一种义无反顾的姿态勇猛前行，将生死置之度外。他长期患有肺病和痔疮，有着诸多痛苦与不便。在《我从事革命斗争的略述》中，他经常写到自己的疾病：“肺病是我青年时期最凶恶的敌人，它损害了我的健康，大大地妨碍了我的学习，我的工作！足有五个整年，是无日不困顿于肺病的

1　方志敏：《死！——共产主义的殉道者的记述》（1935 年 5 月 25 日），载《方志敏全集》，人民出版社 2012 年版，第 159 页。

痛苦之中!”但他总是强忍病痛参加工作、投入战斗，没有半点动摇与退缩。“在这长期的秘密工作中，我的肺病更加加深了，更容易吐血了，走多了路吐血，睡晏了觉吐血，受了什么激刺也吐血，进了好几次医院。但我仍然是干而复病，病好复干。”“我对于这次行动的胜利，是有极坚决的信心的；虽然我的痔疮大发，每天流很多脓血，不但不能走路或骑马，而且不能坐椅子，要坐总是半躺着坐，我还是忍住痔痛出发，我下了决心去完成党所给我的任务。党要我做什么事，虽死不辞。”[1]

不仅疾病，任何艰难险阻也不在话下。方志敏返回敌军包围圈被俘前夕，“虽然七天没有吃饭，饿得两脚走不稳，打跛脚；虽然镇天冻得发抖，虽然每晚不得睡眠，人是疲劳到了万分，但我总是咬紧牙关，忍受下去！吃不得苦，革不得命，苦算什么，愈苦愈要干，愈苦我越快乐”。[2]

翻阅所能找得到的方志敏资料，我发现，唯有一次，他产生过自杀念头。当突围的希望破灭，方志敏站在树林中看到一个个红军战士被敌军俘获，不禁悲痛欲绝，举起手枪，准备饮弹自尽。然

1　方志敏：《我从事革命斗争的略述》（1935 年 3 月），载《方志敏全集》，人民出版社 2012 年版，第 23、26、93 页。
2　方志敏：《我从事革命斗争的略述》（1935 年 3 月），载《方志敏全集》，人民出版社 2012 年版，第 98 页。

而，他想起了入党誓言：“我是共产党员，从此，我的一切乃至我的生命都交给党去了！”他认为，自杀并非共产党员应取的行动，于是，举枪的右手放了下来……

方志敏单纯、率真，自从信奉共产主义，就矢志不变：“敌人只能砍下我们的头颅，决不能动摇我们的信仰！因为我们信仰的主义，乃是宇宙的真理！为着共产主义牺牲，为着苏维埃流血，那是我们十分情愿的啊！”[1]

作为一个自觉的革命者，方志敏身上有着一种难能可贵的反省意识。比如他能及时纠正“左”倾错误，赣东北苏区没收地主的土地后，也分一份人口田给他们，使其能生存下去；比如他坦承红十军团的失败，是“我们因政治领导上的错误”以及“军事指挥上的迟疑”所导致……[2]

四

沿清贫园象征着方志敏短暂一生的36级台阶而下，是中国工

1 方志敏：《死！——共产主义的殉道者的记述》（1935年5月25日），载《方志敏全集》，人民出版社2012年版，第141页。

2 方志敏：《我们临死以前的话》（1935年3月25日），载《方志敏全集》，人民出版社2012年，第103页。

农红军北上抗日先遣队纪念馆（原名“方志敏清贫事迹陈列馆”），三层的楼房设有 6 个展厅，主题分别为《穷人的主席》《虽死不辞》《我不能先走》《你们想错了》《视死如归》《活跃跃的创造》。

怀玉高竹山建有方志敏蒙难纪念亭（也称“方志敏烈士纪念亭”）。方志敏的人格品德，正如山名，似翠竹般高风亮节。“宁可清贫自乐，不可浊富多忧。”清贫是金，清贫是玉，作为一名革命英雄，方志敏的肉体虽然消失了，但其清官风范、清贫精神永存。

蒋介石想诱降方志敏，利用他“收拾残局”，瓦解其他地方的红军武装。劝降的人来了一拨又一拨，大多是国民党高官，也有方志敏的熟人、同乡，方志敏视高官厚禄、人生享乐如敝屣，其结果可想而知。

多次劝降不成，国民党逮捕了方志敏的妻子缪敏，想利用夫妻亲情瓦解其意志，可是方志敏说：“我共有五个孩子，都很小，我与我妻的爱情不坏，因为，我们是长期同患难的人。但我已到了这个地步，妻和儿子哪还能顾到，我只有抛下他们。”[1]

在狱中，方志敏戴着沉重的脚镣，一边回忆反思，一边用狱卒给他写交代材料的笔墨纸张，写下了一生中最为重要的作品《清贫》

1　方志敏：《死！——共产主义的殉道者的记述》（1935 年 5 月 25 日），载《方志敏全集》，人民出版社 2012 年版，第 154 页。

《狱中纪实》《可爱的中国》等，并以自己的人格魅力打动、感化那些看守、文书、狱官，他们甘冒风险为他保存、传送这些文稿。

蒋介石十分看重方志敏，亲自布置劝降，然而软硬兼施，方法用尽，都无法让方志敏投降。于是，他给驻赣“绥靖公署”下了一道命令——以谋杀美国传教士的罪名，秘密处死方志敏。

1935 年 8 月 6 日，方志敏被押到南昌下沙窝刑场秘密处决。

方志敏的遗骨一直下落不明。1955 年，江西省成立了方志敏烈士遗骨调查小组。1957 年春，江西化纤厂在南昌下沙窝动工修建，建筑工人开挖地基时发现一堆骨骸，还有一副脚镣。调查小组立即赶赴现场，经法医研究所专家鉴定，这堆骨殖中有 9 块属于方志敏遗骨。1961 年方志敏烈士陵园开始修建，虽于 1965 年建成，但受“文化大革命”冲击，方志敏的骨殖迟迟没有得到安葬。直到“文化大革命”结束后，1977 年 8 月 6 日，才在方志敏烈士陵园举行了一个迟到而隆重的葬礼，江西省、南昌市各界代表 1000 多人参加了安葬仪式。

五

因有怀玉山之行，前往方志敏烈士陵园悼念成了我心中的一个念想，2019 年 10 月终于如愿以偿。

天阴阴的，是一个适于吊唁的日子。陵园建在南昌西郊梅岭山麓，山门修得颇有气势。进入园内，首先映入眼帘的是一座方志敏铜像。方志敏个子高大，相貌英俊，身披大衣，双手前握，神色凝重地望着远方。铜像左侧，是一栋两层楼的方志敏烈士事迹陈列馆。从陈列馆后门出来，再往位于半山腰的方志敏墓地，沿着一条长长的甬道向上攀登，道路两旁，高大而苍翠的柏树伸展开来，构成一道绿色长廊。墓地平坦，墓棺、墓碑皆为汉白玉砌成，背后是茂密的树林、连绵的山峦，墓前是流淌不息、汇入长江的赣江。此时，我不禁想起了瞿秋白临刑前说的那句话——他被押到福建长汀西门外的罗汉岭刑场后，盘膝而坐，面对枪口，微笑着点了点头，说道："此地甚好！"

"不忘初心，牢记使命"，方志敏的清贫精神，应是真正的"初心"之一。"君子使物，不为物使"，保持节俭单纯、自然朴素的本色，生命会更加充实坦荡、从容自在。由此而言，清贫不仅是一种精神，也是一种价值观与人生观——安贫以乐道，清贫以励志！

方志敏与毛泽东的莫逆之交*

黄文富

土地革命战争时期，毛泽东在井冈山创建革命根据地，方志敏在闽浙赣边创建苏区，二者分别被誉为“朱德毛泽东式”“方志敏式”根据地，走农村包围城市的正确革命路线。

共同走“农运之路”

毛泽东与方志敏见过两次面。

第一次，1926 年 5 月，方志敏到广州参加广东省第二次农民代表大会，由彭湃介绍与主持第六期广州农民运动讲习所的毛泽东见面。方志敏还出席了开学仪式并演讲。

第二次，同年 11 月底，时为江西省农委书记的方志敏，在武

* 本文原载于《炎黄纵横》2020 年第 3 期。

汉举办的湘鄂赣农民运动讲习所，迎接专程从上海抵达的中共中央农委书记毛泽东。

两次见面，方志敏与毛泽东就工农大众如何掌握自己命运，夺取政权问题，作深入的探讨，成了知音。

1927 年，国民党反动派妄想夺取农民运动的领导权，制定了所谓“圈定”产生农民协会委员的办法，对农协加以控制。在召开江西省第一次全省农民代表大会之前，方志敏急电毛泽东讨教对策。毛泽东当即复电：“须坚决反对，宁可使农协大会开不成功，不可屈服于圈定办法。”[1]方志敏采纳毛泽东主张，及时挫败了国民党反动派的篡权阴谋。

四一二反革命政变后，国民党反动派又以“礼送共产党人出境”的名义，要驱逐方志敏等共产党人出江西。毛泽东得知此消息后，以中华全国农协临时执委会的名义，发表《训令》，痛斥国民党反动派罪行，明令停止这一行动，给方志敏等共产党人以舆论支持。

为苏维埃政权互相支持

1931 年 11 月，毛泽东在瑞金主持召开中华苏维埃第一次全国

1　方志敏：《我从事革命斗争的略述》（1935 年 3 月），载《方志敏全集》，人民出版社 2012 年版，第 28 页。

代表大会（简称“一苏大”）。方志敏因同一天主持召开赣东北省（后扩大为闽浙赣苏区）第一次工农兵代表大会，未能赴瑞金参加“一苏大”。

“一苏大”会上，方志敏增补为中共第六届中央委员，中华苏维埃共和国中央执行委员、主席团成员。根据大会决议，毛泽东以中华苏维埃临时中央政府主席的名义，授予方志敏“红旗勋章”一枚，授予方志敏所创建的红十军指战员奖旗一面。随后，在赣东北省召开的授勋仪式上，方志敏致词：“全国苏维埃第一次代表大会授给我的勋章，不仅是奖励我个人，而且是奖励全省工农群众与红色战士的光荣斗争。我接受勋章以后，更加坚决地在中央政府领导之下，与帝国主义国民党及一切反革命派做坚决的斗争，在目前我更要尽我个人所有的力量，努力工作，尤其是对于这次大会决议要特别尽力执行，并号召广大工农群众一致武装起来，粉碎敌人的大举进攻，为建立苏维埃的新中国而斗争到底！”[1]在后来革命斗争中，方志敏所领导的地区，都尽可能地在经济上支援中央苏区。仅1933年就上缴给中央苏区财政黄金350两，并交代经办人“一定要亲自送到毛泽东手里”。

1　方志敏：《在授予方志敏红旗勋章仪式上致的答词》（1933年3月23日），载《方志敏全集》，人民出版社2012年版，第412—413页。

1934 年 1 月，毛泽东在第二次全国工农兵代表大会作结论时说：赣东北的同志“是模范工作者。……他们把群众生活和革命战争联系起来了，他们把革命的工作方法问题和革命的工作任务问题同时解决了。……他们在革命面前是真正负起了责任，他们是革命战争的良好的组织者和领导者。”[1]对方志敏所领导的赣东北省工作给予充分的肯定。

义薄云天抚家属

1935 年 1 月，方志敏率北上抗日先遣队北上抗日，遭到国民党军的重重包围，不幸在怀玉山被俘，后来被杀害。毛泽东为我党痛失英才而深感伤怀。方志敏的爱妻缪敏也不幸在江西德兴被俘。得知此事后，毛泽东要求项英、陈毅及时与国民党当局进行交涉，蒋介石只好在国共第二次合作期间释放了缪敏。

1938 年，缪敏携子方英、方明来到延安。毛泽东亲自在枣园窑洞住处迎接，并安排缪敏先后进中共中央党校、中共中央社会干部培训班、中共中央妇女干部培训班学习；方英、方明进延安保育院。缪敏在延安，忘我工作，受到中央妇委的表彰，毛泽东在缪

1　毛泽东：《关心群众生活，注意工作方法》，载《毛泽东选集》第 1 卷，人民出版社 1991 年版，第 140 页。

敏获奖的笔记本上写下勉励："没有什么困难可以阻碍人的前进的，只要奋斗，加以坚持，困难就赶跑了。"后来，缪敏又被保送到苏联学习。

新中国成立之初，毛泽东还委派中央政府内务部部长谢觉哉，率领南方老革命根据地慰问团，到南昌登门慰问方志敏的母亲金香莲老人。1957 年，金香莲老人病故，毛泽东特派专人专程从北京为金香莲老人送去绿色绸缎的寿衣、寿被。中央政府内务部专门发唁电，时任江西省省长的邵式平亲自为金香莲老人扶柩出殡。

正确评价方志敏

1937 年，毛泽东指示中共中央机关报《斗争》出一期"纪念人民英雄方志敏"专刊，发表各类悼念方志敏的文章，表彰方志敏的英雄业绩。

1953 年，毛泽东应中共中央华东局、中共浙江省委的邀请，到浙江莫干山视察。当毛泽东登上主峰，远眺江西境内的怀玉山脉时，对随行同志说："怀玉山下的弋阳县出了个人民英雄方志敏，他率领的抗日先遣队打到了皖南、浙西，震动了杭州、南京的敌人，掩护了主力红军长征。方志敏同志本来已突出包围，他是为了救援别人，被敌人打散后被俘了。”

毛泽东说：“方志敏同志在国民党的监狱中，受尽了折磨和残酷的迫害，他不怕死，不考虑个人的命运，而是很镇静地一心一意想着党，想着人民，想着自己在生命的最后时刻，为党为人民应尽的责任。方志敏同志在敌人的监狱里，写下了《可爱的中国》《我从事革命斗争略述》《清贫》等著作，这些著作是赣东北地区的斗争史，是一个共产党员的革命意志、情操和高尚人格的写照，是不朽的著作。”

1965 年 5 月，毛泽东在视察井冈山革命根据地时指出：“方志敏同志创建闽浙赣革命根据地，也是来之不易的。方志敏同志是很有理想，很有气魄的革命家，他领导的苏区，由于路线对头，广大群众很拥护他，赣东北苏区很快扩大为闽浙赣苏区，红军队伍很快壮大起来。”对于 36 岁就英勇就义的方志敏，毛泽东惋惜地说：“方志敏同志是有勇气、有志气，而且是很有才华的共产党员，他死的伟大，我很怀念他。”

1957 年 8 月，毛泽东在庐山会议后返京途中，当专列到达上饶时，本想下车前往弋阳看望方志敏的故乡。随行的汪东兴考虑到时已晚间，从安全出发劝阻了毛泽东。无奈之下，毛泽东嘱咐：

“今后有机会，专列要在上饶停上一、二天，去看看方志敏的故乡和他创建的那块革命根据地。”

1964 年，毛泽东亲自为方志敏烈士题写墓碑。

方志敏的牺牲是中国共产党及中国革命的一大损失。

方志敏遗骨寻安经过*

官学明

方志敏1935年1月29日率领抗日先遣队北上途中被俘，于1935年8月6日被国民党秘密杀害。

成立“方志敏烈士遗骨调查小组”

方志敏被俘后在监狱中受尽威逼利诱与折磨，他坚强不屈，利用国民党要他写“交代”提供的纸笔，写下了《可爱的中国》《清贫》等传世著作。国民党恼羞成怒，于1935年8月6日将他秘密杀害。1952年，党中央作出批示，公开发行《可爱的中国》《清贫》，还把这两篇著作编入中学生课本。同时，决定为方志敏建造烈士陵园。可是，他的遗骨在哪里？没有遗骨怎么修陵园？

* 本文原载于《炎黄纵横》2020年第3期。

为了寻找方志敏遗骨，毛泽东指示“一定要找到方志敏同志遗骨”，并委派刘少奇具体负责寻找方志敏遗骨之事。1955年，刘少奇赶到江西省政府，立即成立方志敏烈士遗骨调查小组，指令方志纯为组长。

方志纯，方志敏的堂弟，比方志敏小6岁，在方志敏的引导下走向革命。当他得知堂兄被杀害后，化悲痛为力量，继承遗志，继续创建赣东北革命根据地，开展农民运动，将革命进行到底。新中国成立后，方志纯出任江西省委第一副书记、副省长。中央决定寻找方志敏的遗骨，也正是他多年的心愿。可是，这时离方志敏牺牲已整整20年了，寻找堂兄的遗骨确有难度。刘少奇对他说，要依靠群众，千方百计加以寻找。

为尽快找到方志敏遗骨，进而建造烈士陵园，江西省政府通过报纸、电台发布消息，并动员学校师生，鼓励市民提供线索。热心群众纷纷打电话提供了许多线索，调查小组从中采纳了三条有价值的线索：第一条是寻找当年为方志敏拍照的摄影师；第二条是寻找当年为方志敏收殓的当事人；第三条是方志敏是戴着脚镣牺牲的，遗骨中一定有铁镣。

按照这三条线索，调查小组很快找到了当年为方志敏照相的摄影师。这位摄影师当时是被国民党强行拉到刑场去给方志敏拍照的。因为时隔久远，他只能确定方志敏遇害的地点在下沙窝，具体的方位已经记不清了。接着，调查小组又找到了当年为方志敏收殓遗体的两位老人。据两位老人回忆，他俩确实在20年前埋葬过几位被国民党杀害的共产党人，但不知道他们的名字。两位老人带着调查小组成员去埋葬点挖了好几个地方，却什么也没有找到。

九块骨骸

1957年春天，调查小组接到了一个意外的消息：江西化纤厂在南昌下沙窝工地挖到了一堆骸骨和一副脚镣。调查小组闻讯，马上赶赴现场勘察。经过专家考证，认为现场挖到的79块骨头里，很可能有方志敏遗骨。这一意外收获，让方志纯激动不已。

与此同时，方志纯找到了当年为方志敏戴脚镣的凌凤梧。凌凤梧当时是监狱长，他奉蒋介石之命对方志敏进行劝降，结果反而被方志敏的革命精神所感化。两人彼此间有了更多的了解。凌凤梧甚至对自己的工作产生了厌恶，方志敏劝他以后去当一名英语教师，离开是非之地。凌凤梧利用工作之便为监狱中的方志敏提供了许多生活上的方便，甚至以“便于劝降”为由，向军法处请示为方志敏减轻脚镣的重量，为方志敏减少肉体上的痛苦。凌凤梧因为劝降不成，又多次为方志敏求情，结果被国民党以“通匪罪”囚禁。出狱后，凌凤梧真的听从方志敏的劝告，当了一名英语教师。面对出土的79块遗骨，凌凤梧仔细辨认，心情愈发沉重，他托起那副锈迹斑斑的铁镣，用衣袖轻轻擦拭铁镣上的锈痕，几个数字渐渐显露出来了。“这正是当年方志敏戴的那副!”凌凤梧顿时泪如雨下，在场的人无不失声痛哭。

为了进一步确认，调查小组将这79块遗骨小心翼翼地装进一个特制的木箱中，送往江西省公安厅法医室鉴定。江西省公安厅把这一重任交给了青年法医张伟纳。张伟纳是一位烈士的后代，对革命先烈怀有特殊的感情。为了慎重起见，他建议领导请鉴定设备比较先进的上海市公安厅法医室进一步确认。经过上海市公安厅法医的反复鉴定，木箱中79块遗骨中只有9块是方志敏的，分别为头颅骨、躯干骨、上肢骨和下肢骨等人体主要骨骼。另外70块遗骨估计是其他革命烈士的。张伟纳把方志敏与其他烈士的遗骨分别装在两个不同的木箱中，然后向江西省政府报告了鉴定的结果。江西省政府立即向中央呈送报告，中央很快批复了安葬方志敏烈士遗骨的决定。

迟来的安葬

接到中央安葬方志敏烈士遗骨的批示后不久，“文化大革命”开始了，安葬事宜被搁置。

“文化大革命”结束后，江西省政府再次请示中央，重新启动方志敏烈士遗骨安葬工程。1977 年 8 月 6 日，江西省政府选择方志敏烈士殉难 42 周年之日，举行隆重的安葬仪式。当天上午，党和国家主要领导人、江西省各界人士为方志敏烈士遗骨进行了安葬，并在烈士墓前敬献了花圈。

方志敏的陵墓建在南昌市城郊外一个山岗的半腰上，面向滔滔的赣江，背靠绵绵的青山，静谧且尊严。从此，每年的清明节，国人沿着长长的绿色甬道，来到烈士墓前敬献花圈，表达对英雄的敬意与缅怀。

方志敏永垂不朽。

以身殉志，不亦伟乎*

——方志敏身后纪念评价知多少

孟　红

方志敏（1899—1935）是伟大的无产阶级革命家、军事家，杰出的农民运动领袖。方志敏出生在江西弋阳县一个贫苦农民的家庭，聪慧而好学，曾在南昌求学，上海谋职，经历过现代文明的陶冶、血与火斗争的洗礼。1922年8月加入中国社会主义青年团，1924年3月转入中国共产党。1928年1月，与邵式平、黄道等领导了弋阳、横峰一带农民的武装暴动，创建赣东北苏区，领导组建中国工农红军第十军。先后任赣东北省、闽浙赣省苏维埃政府主席，红十军代理政治委员等职。

1934年11月初，以红七军团组成的北上抗日先遣队到达闽浙

* 本文原载于《福建党史月刊》2017年第5期。

皖赣边区，与红十军组成红十军团，方志敏任红十军团军政委员会主席。他奉命率红十军团北上抗日，向皖南进发，在皖南遭国民党军重兵围追堵截，艰苦转战两月余，折回赣北，被七倍于己的敌军重重围困在怀玉山区。方志敏带领先头部队奋战脱险，但为了接应后续部队，他冒着雨雪和危险，复入重围，寻找部队，终因寡不敌众，弹尽援绝，被叛徒出卖，于 1935 年 1 月 29 日在江西玉山陇首村被俘。面对敌人的威逼利诱和种种酷刑，他始终坚守党的秘密，坚贞不屈。8 月 6 日黎明前夕，方志敏被国民党反动派秘密枪杀于南昌市郊外下沙窝，英勇就义，时年 36 岁。

在狱中，他忍着病痛和敌人酷刑在短短的半年中先后撰写出《我从事革命斗争的略述》《可爱的中国》《死！——共产主义的殉道者的记述》《清贫》《狱中纪实》等 12 篇文稿和信件，计 13 万余字。他的遗作堪称爱国主义的千古绝唱，成为中华民族不朽的精神财富。

方志敏无论遇到多少艰难困苦，都义无反顾、秉志直行，积极探索救国救民道路，直至献出自己的生命。他是一位令人钦佩和敬仰的相当有知识、有策略、有理想的农民运动领袖。他创造了一整套建党、建军和建立红色政权的经验。创造了“出敌不意，攻敌不备，声东击西，避实就虚，集中兵力，争取主动，打不打操之于我。扎口子，打埋伏，打小仗，吃补药，吃得下就吃，吃不下就跑”的“53个字游击战术要诀”。在苏区创造了股份制，发行了股票；创造了地雷战，把人民战争提高到新水平；创造了对外开放的边贸政策，形成了数条开放型贸易路线；创造了列宁公园，创办了一批学校和文教卫生单位……他对中国革命所作出的重要贡献，曾得到毛泽东的高度评价，他创建的苏区被誉为“方志敏式”根据地和“苏维埃模范省”。

英烈虽逝，精神永存，人民永远铭记和怀念他！

一

方志敏英勇牺牲后，他的英雄事迹很快在国内外得到传播。中共中央和苏维埃中央政府公开发表《为抗日救国告全体同胞书》(即《八一宣言》)，首次把为救国而捐躯的方志敏列为民族英雄。[1]

据邵式平的纪念文章记载：1935年8月，共产国际在莫斯科召开第七次代表大会，当方志敏牺牲的消息传到大会时，“全世界无产阶级革命的代表，为之起立（默哀）致敬，风暴一般长期的高呼

1 《中国苏维埃政府、中国共产党中央为抗日救国告全体同胞书》（1935年8月1日），载《中共中央文件选集》第10册（1934—1935），中共中央党校出版社1991年版，第521页。

中国共产党万岁”。中共中央代表在大会报告中说：“中国红军北上抗日先遣队的总司令……方志敏同志的肉体虽被摧残了，但方志敏同志的抗日救国的精神，将如日月经天，江河亘地而永垂不朽。”

方志敏就义三个月后，中国共产党在法国巴黎创办的《救国时报》（中文版）全文发表了方志敏的《在狱致全体同志书》和《我们临死以前的话》。1936 年 1 月 29 日，《救国时报》以整版篇幅纪念方志敏被捕一周年，发表了《民族英雄方志敏传》。

1937 年 1 月 24 日，在延安出版的中共中央机关刊物《斗争》第 122 期，整期辟为“纪念民族英雄方志敏专号”，收录了方志敏两篇狱中遗著和三篇纪念文章，其中一篇是他的亲密战友邵式平撰写的《纪念我们的领袖民族英雄方志敏同志》，生动充分地描述了方志敏的英雄业绩。

在此后的一段时间内，方志敏的狱中文稿不断被国内报刊登载，他留下的那段气贯长虹的临终格言传遍大江南北，响彻长城内外，曾无数次感动中国人：“敌人只能砍下我们的头颅，决不能动摇我们的信仰！因为我们信仰的主义，乃是宇宙的真理！为着共产主义牺牲，为着苏维埃流血，那是我们十分情愿的啊！”[1]不仅是苏

1　方志敏：《死！——共产主义的殉道者的记述》（1935 年 5 月 25 日），载《方志敏全集》，人民出版社 2012 年版，第 141 页。

区的人民，白区的人民甚至是外国人，都从文稿中感受到了中国共产党人的坚强意志和必胜信念。相反地，国民党反动派却不得不四处手忙脚乱、诚惶诚恐地严厉查禁这些报刊。

二

方志敏牺牲后，八路军驻重庆办事处得知社会上流传有一份方志敏在监狱中写的遗稿，于是不惜花重金将它买下。这篇遗作是1935年3月方志敏在狱中写的《我从事革命斗争的略述》。

1939年6月，叶剑英来到中国西南山城重庆。这时的重庆，是国民党政府所在地，也是中国共产党中央派出的代表机关中共中央南方局的所在地。叶剑英到来后，担任南方局常委兼军事部长、统一战线工作委员会副书记，在南方局书记周恩来直接领导下立即投入紧张的工作。这时，全国抗日战争的局势正朝着日益恶化的方向发展。日本侵略者占领武汉、广州以后，开始对国民党政府采取以政治诱降为主、军事打击为辅的策略，在继续对华南、华中地区进行军事进攻的同时，加紧进行政治诱降活动，积极筹划“蒋汪合流”，企图诱使蒋介石集团就范。早已沦为汉奸的汪精卫正在与日军进行卖国谈判。国民党政府对日妥协和反共的倾向日益增大，连续制造了一系列反共摩擦事件，准备掀起反共高潮。面对这种困难复杂的局势，周恩来、叶剑英等遵照中共中央《关于反对投降危险的指示》（1939 年 6 月 7 日下发），决定集中全力巩固国共合作，继续贯彻抗日民族统一战线的政策，与大大小小的投降分子、反共分子制造的一切投降阴谋和反共行为进行坚持不懈的斗争。

1940 年，叶剑英看到并认真阅读了八路军驻重庆办事处花重金买下的方志敏遗作《我从事革命斗争的略述》，联想到当前的革命形势，心情非常沉重，感慨万千之余，带着十分悲痛、惋惜的心情为方志敏烈士遗照题诗，写下了一首气势恢宏、荡气回肠的七言绝句：

读方志敏同志狱中手书有感

血战（染）东南半壁红，
忍将奇迹作奇功。
文山去后南朝月，
又照秦淮一叶枫。

这是一首立意深刻、耐人咀嚼的诗，不仅意蕴幽远、极富感染力，而且还有点朦胧意境、写意之美。这首诗也因其独特的教育意义和美学价值，后来入选多种大中专教材。叶剑英曾经三次亲笔书写该诗。第一次即是本文重点叙述的1940年在重庆看到方志敏的遗稿，在其被俘后的照片上题写。第二次是1952年夏在广州题诗，并将“血战”改为“血染”，还具体说明了该诗写作的时间和背景：“一九四〇年冬读方志敏同志遗著，时日寇继续深入。”第三次是1979年8月，他将此诗题赠给与方志敏并肩战斗过的粟裕，并加上了题目《读方志敏同志狱中手书有感》，还注明“一九四〇年重庆作”。当时粟裕在烟台向叶剑英汇报工作时，谈及人民出版社将出版《我从事革命斗争的略述》一事，叶剑英说他曾为其写过一首《有感》。于是在粟裕的请求下，叶剑英重书《有感》赠给了粟裕。人民出版社在1980年2月出版《我从事革命斗争的略述》时，将叶剑英的这幅墨迹作为代序放在卷首。

首句“血染东南半壁红”，原为“血战东南半壁红”。这一改，改得更加形象更有意境。意指方志敏艰难的革命历史：他不畏艰难险阻率领革命的劳苦大众进行艰苦卓绝的英勇斗争，创建了位于中国东南大地的赣东北革命根据地和人民武装红十军，烈士的鲜血染红了大地、浇灌了革命的火种，熊熊的革命烈焰燃烧起来，终于映红了祖国东南大地大半个河山。

第二句“忍将奇迹作奇功”，意指方志敏这样的英雄人物，却遭到国民党反动派的残酷杀害，他们还用这一血腥罪行炫耀自己的“功劳”。对一个句子中使用两个“奇”字，曾任珠海中华职业教育社主任的彭家柱说：“方志敏短暂的一生为中国革命创下奇迹。反动派抓到他后兴高采烈，召开‘庆功会’，夸耀‘胜利’，最终却密令将他处死。叶剑英用了‘忍将奇迹作奇功’的诗句指出反动派的‘功劳’是一种‘奇功’，这种‘奇功’，实际上就是残酷杀害革命英雄的滔天罪行。用‘奇迹’和‘奇功’这两个对称的反语激发感情：一方面怒向敌人，对敌人进行有力的嘲讽和无情的鞭挞；另一方面则表示对烈士的沉痛悼念和深切的怀念。”

接下来，叶剑英由方志敏的道德文章和革命业绩想到南宋末年的民族英雄文天祥。“文山去后南朝月，又照秦淮一叶枫”，“文山”是文天祥的号。文天祥《酹江月 · 驿中言别友人》词末句为“秦淮应是孤月”。本句“南朝月”及后文“秦淮”由此化出。叶剑英的手迹中“时在抗日第三年”“时日寇继续深入”等语，说明他是从抗日民族战争最艰苦的岁月中想到南宋末年的历史背景的。三、四句意在歌颂民族英雄的英灵永生。方志敏的爱国正气和不屈精神有如南宋末年的文天祥，两人虽所处时代不同，但历史却惊人相似。两人同为抗击敌人而创造了东南半壁红的业绩，两人同样被俘后在狱中正义凛然、英勇不屈直至牺牲，两人在狱中都留有不朽的文稿。文天祥的《正气歌》百世流芳，方志敏遗著《可爱的中国》成为革命者的必读教材。

三

叶剑英赞颂方志敏的诗在重庆传开后，周恩来对身边的工作人员进行气节教育时曾随口吟诵叶剑英的诗作，而大家为方志敏事迹和精神所鼓舞，又争相传抄传诵叶剑英的诗作。

1940 年 9 月，时在重庆的郭沫若读了方志敏的遗作和叶剑英的诗之后，深受感动，心潮难平，随即和诗七绝一首，来称赞方志敏的业绩和精神：

读方志敏自传（次叶剑英韵）

千秋青史永留红，

百代难忘正学功。

纵使血痕终化碧，

弋阳依旧万株枫。

中华民族英雄豪杰辈出，郭沫若常常引为民族的骄傲和自豪。他在诗歌、戏剧、散文创作中，歌颂他们的崇高精神，宣扬他们的丰功伟业，用以激励中国人民的民族自豪感。《读方志敏自传》一诗，正是颂扬方志敏烈士将名垂青史、百代流芳的佳作。

该诗起句不凡，“千秋青史永留红，百代难忘正学功”，气势磅礴，令人心灵震撼，有力地表达了广大人民群众对方志敏烈士无比崇敬的感情。意思是说，方志敏的英名早已铭刻在中国人民心中，他的功业是千秋留红、百代难忘的。正学，指方孝孺（因取读书室为“正学”，故人称正学先生），浙江宁海人，明朝初年著名学者、文学家、思想家。他是鲁迅笔下台州式硬气的代表。方孝孺一生志存教化，是行为世表的教育家。此以方孝孺借指方志敏的革命事迹为正学的功业。

三、四句是对方志敏革命精神更进一步的赞誉，说方志敏的血痕即使化成了碧玉，仍然如同他家乡弋阳的千万株枫树叶一样，世世代代依旧如血一般殷红。同时，也表明方志敏的革命事业将会是后继有人的。烈士的鲜血化成碧玉，既指思想、精神的崇高、伟大，如碧玉般透明，同时又说明历史的久远。枫叶殷红，这是自然的属性，不会改变，千秋万代永世如一。烈士的精神永垂不朽，和大自然一样永生，绝不因为历史的更迭、风雨的剥蚀而有所改变。

四

方志敏的遗稿送到党中央后，毛泽东仔细进行了阅读。汪东兴后来回忆说："有一天，毛主席问我，你看过方志敏同志的遗稿吗？我说，没有。我对主席说，我知道方志敏同志的遗稿中央保存着，但我这级干部可能看不到。主席听了'啊'了一声，理解我当时没有看到手稿的原因。"汪东兴接着说："毛主席称赞过方志敏在狱中写的文稿。后来他对我说，方志敏在狱中的遗作，是一部赣东北地区人民革命斗争的历史，是一个共产党员革命意志、情操和高尚人格的写照，是不朽的佳作。"

新中国成立以后，毛泽东说："方志敏同志创建的赣东北革命根据地，方向路线是正确的。我们虽然不在一起，但我们的思想是一致的。"其实，毛泽东的这一定论并非空穴来风，是有其坚实可信的渊源的。早在1925年3月，毛泽东在《中国社会各阶级的分析》（初稿）中就明确指出："中国无产阶级的最广大和最忠实的同盟军是农民，方志敏从事农民运动比彭湃晚几个月，比我毛泽东早几个月。"方志敏同毛泽东、彭湃一起被公认为"农运大王"。

1953年4月，毛泽东在登莫干山时，又曾对身边的同志说：

“方志敏同志是有勇气、有志气，而且是很有才华的共产党员，他死的伟大，我很怀念他。”

毛泽东晚年在读《新唐书·徐有功传》时，曾在大字本二十四史的空白处做了如下批语：“岳飞、文天祥、曾静、戴名世、瞿秋白、方志敏、邓演达、杨虎城、闻一多诸辈，以身殉志，不亦伟乎？”毛泽东也将方志敏与文天祥相提并论。

1984 年 6 月，邓小平为江西省委编辑的《方志敏文集》题写了书名。到 1985 年，方志敏的著作结集编为《方志敏文集》出版发行。

今天，烈士已长眠地下，但其为人民立下的不朽功勋，将永远受到后来人的怀念！他的英魂永在，丰碑永矗！

《清贫》《可爱的中国》书稿幸存轶事*

李加林

方志敏烈士牺牲前在囚室里写下的《清贫》《可爱的中国》曾被选入中小学课本，让无数懵懂少年为之热血沸腾。要像热爱母亲一样热爱自己的祖国；一个人可以清贫，但不可以没有操守，丧失风节。这两篇不朽之作，鼓舞了亿万中国人。然而，这些书稿在白色恐怖的当年，是怎样从敌人的监狱中传递出来的？

1935年1月29日，方志敏在江西上饶陇首村被白军逮捕，之后被逐级送往营部、团部，2月2日由上饶押解南昌，关押在南昌军法处囚室，即国民党驻赣“绥靖公署”军法处看守所。方志敏严拒蒋介石的利诱和劝降，在狱中写下了《可爱的中国》《死！——共产主义的殉道者的记述》《清贫》《狱中纪实》《我从事革命斗争

* 本文原载于《炎黄纵横》2017年第4期。

的略述》《〈赣东北苏维埃创立的历史〉序言》《记胡海、娄梦侠、谢名仁三同志的死》《在狱致全体同志书》《给某夫妇的信》《我们临死以前的话》《遗信》等十二篇文稿和信件，约计十三万字。

方志敏在狱中饱受折磨，身患重病，却一天也没有忘记党和人民的事业。他日夜书写，总结先遣队胜利和失败的经验教训，并对今后的工作提出建议。之后，他想找个可靠的人，把在狱中写的密信和文稿送出监狱。可是，红军尚在长征途中，在国民党统治区，我们党的活动是秘密的，党员的身份是不公开的，送信的人要到哪里找党的关系呢？

方志敏反复思索。一天，仿佛暗夜里亮起一道闪光，他突然想起了鲁迅先生。虽然彼此并不认识，然而他读过鲁迅先生的文章，深信鲁迅先生对革命事业的情感，决定把在生命的最后时刻写成的信件和文稿送到鲁迅先生手里。

据考证，为方志敏传送书信、文稿的关键人物叫高家骏。高家骏当时在看守所当文书，受方志敏教诲较多，同情革命，曾为方志敏提供过书报、购买过信笺稿纸、传递过消息，还利用值星的机会掩护方志敏写作。程全昭是高家骏青梅竹马的女友。1935 年 7 月中旬，程应高之约到南昌，并改名李贞。高家骏将方志敏的三封信和一个纸包交给她："一封是给宋庆龄的信，另一封信和纸包着的书稿是给鲁迅的。"到上海后，李贞先到四川北路内山书店找鲁迅。一个青年人说："鲁迅不在。"李贞说："我是从江西来的，有东西交给他。"那个青年说："你真的有要紧的事吗？你带的东西就放在这里吧。"于是，李贞把信和纸包交给了他。第二天一早，她就离开上海回到杭州。

一个月后，信和文稿送到了鲁迅手里，可这时，方志敏已经牺牲。"我并不认识你，相互从未通过信，但我信任你，确信你能够满足一个共产党人的最后的庄严的要求的……"这是方志敏致鲁迅先生信中的一段话。遵照方志敏烈士的嘱托，鲁迅将书信与文稿慎重地保管起来。1936 年 4 月 25 日，冯雪峰作为中共中央特派员由陕北到上海，次日便住到文友鲁迅先生家里。鲁迅与冯雪峰是左翼作家联盟创始人，是志同道合、并肩战斗的挚友。冯雪峰不仅帮助鲁迅结识了红军将领陈赓，还是瞿秋白与鲁迅之间友谊的使者。他使鲁迅对中国共产党和红军有了全新的认识，从赞许，到钦佩，再至敬仰。在鲁迅先生家里，方志敏的遗稿《可爱的中国》和《清贫》，以及他写给党中央的密信，都交到了冯雪峰手中。

冯雪峰从鲁迅手中接过书信、文稿后，感到自己重任在肩，由于自身处境危险，遂将书稿托付“左联”战友谢澹如保管。1939年，为纪念方志敏英勇就义四周年，谢澹如创办金星书店，以霞社名义出版《方志敏自传》(收编《清贫》《可爱的中国》等文)。1940年夏，时任第十八集团军(八路军)参谋长的叶剑英读着方志敏在狱中完成的文稿，拿出珍藏的方志敏照片，浮想联翩，写下了《读方志敏同志狱中手书有感》的七绝诗:“血战东南半壁红，忍将奇迹作奇功。文山去后南朝月，又照秦淮一叶枫。”

1942年，日军占领上海租界。一天，谢澹如获悉日军要来搜家，只带上装有瞿秋白、方志敏烈士书稿的小黑皮箱和一些日用品，携带家人匆匆住进法租界。次日，日军到紫霞路68号谢宅搜查未果，放火将谢宅烧毁。虽然家园被毁，但谢澹如庆幸瞿秋白、方志敏烈士的手稿安然无恙。此时，冯雪峰正被关押在建阳徐市集中营。

新中国成立后，谢澹如将这些珍贵文物如数上交给国家。虽然他不是共产党员，却是党最值得信任的朋友。冯雪峰闻悉此事后，发自肺腑地赞誉谢澹如与中国共产党“肝胆相照”，是“忠诚守义”的文化名人。

一部惊天动地的悲壮史诗*

——方志敏与红军北上抗日先遣队

刘云刚

红军北上抗日先遣队的斗争历史，首先是一部惊天动地的无产阶级革命战争的英雄史。1934 年 11 月初，红军北上抗日先遣队征战闽浙皖赣边，到达闽浙赣苏区，与方志敏领导的红十军会师，合编为红十军团，仍称红军北上抗日先遣队。在方志敏的领导下，红军北上抗日先遣队 8000 多人继续高举北上抗日的旗帜，征战皖南，大小战斗 10 多次，牵制国民党军 10 多万兵力，从战略上策应主力红军长征。在国民党优势兵力的围攻下，红军北上抗日先遣队于 1935 年 1 月下旬在怀玉山地区血战数日，红军指战员大部牺牲，一部突围，最终遭到失败，方志敏等被俘后壮烈牺牲。方志敏在狱

* 本文原载于《炎黄纵横》2021 年第 3 期。

中写下了《可爱的中国》《清贫》《我从事革命斗争的略述》等文稿，我们从中可以深切地体会到他对党无比忠诚，对革命理想无比坚定，对祖国和人民无比热爱，对帝国主义和反动派无比痛恨的革命精神，以及他领导红军北上抗日先遣队浴血奋战所体现出来的共产党人的政治本色和革命气节。重温这段历史，对于不忘初心、牢记使命，传承红色基因，学习方志敏精神，加强党的建设，推进社会主义现代化强国建设，实现中华民族伟大复兴，具有重要的历史意义和现实意义。

一、坚决响应党的北上抗日伟大号召，坚信革命必定胜利

1934 年 7 月初，中共中央、中华苏维埃共和国中央政府和中革军委为挽救民族危亡，高举抗日旗帜，反抗国民党军发动的第五次“围剿”，掩护主力红军战略转移，决定组建一支红军北上抗日先遣队，挺进闽浙皖赣四省国民党统治地区，以实际行动宣传中国共产党的抗日主张，推动全国抗日救亡运动的发展。

1934 年 11 月 4 日，以红七军团改编的红军北上抗日先遣队征战闽浙皖赣四省国民党统治地区，完成了中共中央和中革军委交给的第一阶段任务后，到达赣东北苏区与方志敏领导的红十军

合编，成立红十军团。11月18日，中央军区电令红十军团，指出："为了领导红十军团与创造新苏区，决以方志敏、刘畴西、乐少华、聂洪钧、刘英五同志组成军政委员会，并以方志敏为主席，随十军团行动。"[1]

方志敏听党指挥，坚决执行中央的决定，他说："中央命令我为红十军团政治委员会的主席，以领导这次行动。我对于这次行动的胜利，是有极坚决的信心的；虽然我的痔疮大发，每天流很多脓血，不但不能走路或骑马，而且不能坐椅子，要坐总是半躺着坐，我还是忍住痔痛出发，我下了决心去完成党所给我的任务。党要我做什么事，虽死不辞。"[2]

从方志敏这段铮铮誓言，我们可以看到：一是在当时日本帝国主义加紧侵略我国华北，民族矛盾急剧上升，全国人民要求抗日救亡的历史背景下，他坚决响应党中央提出红军北上抗日的口号，举起红军北上抗日的旗子，进一步揭露蒋介石的卖国、内战政策，宣传党的抗日主张和推动抗日运动的发展。二是在第五次反"围剿"

1　《中央军区关于十军团行动任务及军政委员会组成的决定致方曾刘乐寻聂电》，载中共福建省委党史研究室等编：《中国工农红军北上抗日先遣队》，中共党史出版社1990年版，第145页。

2　方志敏：《我从事革命斗争的略述》（1935年3月），载《方志敏全集》，人民出版社2012年版，第93页。

斗争接近尾声，主力红军开始长征，各苏区基本沦陷，革命形势逐渐转入低潮的严重关头，他勇于担当，为党分忧。他十分清楚率领红军北上抗日先遣队征战皖南，继续执行中央军区大兵团作战的指示，没能立即向游击战转变，前途十分凶险，但他仍然坚信革命必定胜利，坚决执行党的决定。三是在身体患重病的情况下，为完成党交给的任务，哪怕是牺牲也在所不辞，充分体现了一个共产党人的坚定信念和革命意志。

1935 年 1 月，方志敏指挥红军北上抗日先遣队艰难突围，在怀玉山地区与敌人血战。在率部突出敌人重围的生死关头，他将个人生死置之度外，毅然返回敌人重重包围中寻找未能突围的大部队。他说："因大队伍尚在后面，在责任上我不能先走"。他写道："虽然七天没有吃饭，饿得两脚走不稳，打跛脚；虽然镇天冻得发抖，虽然每晚不得睡眠，人是疲劳到了万分。但我总是咬紧牙关，忍受下去！吃不得苦，革不得命，苦算什么，愈苦愈要干，愈苦我越快乐。"[1]方志敏被俘后，拒绝投降。面对敌人的屠刀，他大义凛然地写道："敌人只能砍下我们的头颅，决不能动摇我们的信仰！因为我

1　方志敏：《我从事革命斗争的略述》（1935 年 3 月），载《方志敏全集》，人民出版社 2012 年版，第 96、98 页。

们信仰的主义，乃是宇宙的真理！为着共产主义牺牲，为着苏维埃流血，那是我们十分情愿的啊！”[1]他坚定地说：“我们虽死，继续我们斗争的，还有千千万万的人呀！你们只能杀死我们几个，决不能消灭中国革命啦！相反的，中国革命工农的铁拳，终有一天会将你们完全打得粉碎！”“我相信革命必能得到最后的胜利，我愿为革命牺牲一切。”[2]

方志敏还把国民党监狱作为宣传我党抗日救亡的重要阵地。在狱中，“他以共产党员大无畏精神，严正的打击了帝国主义的走卒和民族的败类。他在任何严厉监视与非人道的污辱中，始终站在民族英雄的立场之上，指示与告诉广大的人民，唯有停止内战，一致抗日，中华民族不致灭亡，中国人民才能得到真正的解放与出路。他处在极端的困难的囹圄中，对党的事业与中华民族的解放事业，始终念念不忘。他在牢狱里不断的指示闽浙赣的党及全体将士和广大的人民应如何坚持斗争，和继续不断的号召与组织全中国不愿意做亡国奴的同胞、军队、党派，以及各阶层先进人士一致的进入抗

1　方志敏：《死！——共产主义的殉道者的记述》（1935 年 5 月 25 日），载《方志敏全集》，人民出版社 2012 年版，第 141 页。

2　方志敏：《我从事革命斗争的略述》（1935 年 3 月），载《方志敏全集》，人民出版社 2012 年版，第 98—99 页。

日民族阵线。”[1]

他在狱中所写的《可爱的中国》等不朽名篇，用诗一般的语言，将国家比喻为母亲，赞美国家和大好河山，坚信中国一定有个光明前途，未来前景美好，到处都是活跃的创造、到处都是日新月异的进步。他既向人民阐明“爱护中国，拯救中国”是一个“紧要的问题”，又号召人民觉醒，一致奋起救国，充分表达了对祖国、对人民的深厚情感，成为爱国主义的千古绝唱。

方志敏在狱中仍然保持着旺盛的革命精神。他在《在狱致全体同志书》中写道：“我们虽囚狱中，但我们的脑中，仍是不断地思念着同志们的奋斗精神，总祈祷着你们的胜利和成功！我直到现在，革命热诚仍和从前一样。”[2]

方志敏这种坚定革命必胜的信念和崇高的革命气节，体现了中国共产党人压倒一切敌人、压倒一切困难，敢于斗争、敢于胜利的革命精神。正是依靠这种革命精神，我们党、军队和人民才战胜千难万险，取得中国革命的胜利。

1　刘英：《北上抗日与坚持闽浙边三年游击斗争回忆》，载中共福建省委党史研究室等编：《中国工农红军北上抗日先遣队》，中共党史出版社 1990 年版，第 227 页。

2　方志敏：《在狱致全体同志书》（1935 年 4 月 20 日），载《方志敏全集》，人民出版社 2012 年版，第 115 页。

二、率部征战闽浙皖赣开展游击战争，保存火种继续战斗

在红军北上抗日先遣队征战闽浙皖赣边区的过程中，方志敏坚持从实际出发，维护大局，努力纠正“左”倾错误，使正规战向游击战、正规军向游击队转变，积极支援和配合革命根据地的斗争，为保存革命火种和重新组建、发展新的部队做了最后的斗争，做出了重要贡献。

在皖南苏区，方志敏决定留下一部分武装，在当地开展游击战争。1934 年 12 月 20 日，红军北上抗日先遣队抵达皖南苏区中心柯村。这块苏区是闽浙赣第五次反“围剿”斗争期间，通过农民暴动于本年 8 月间创建起来的一块小苏区。在柯村，方志敏主持军团领导干部会议，总结谭家桥战斗的教训，研究部队下一步行动计划。同时，还召集皖南苏区党政干部会议，对皖南开展游击战争作了具体安排，并决定留下红十军团的侦察营和地方红军合编为皖南红军独立团，还留下军团教导营在石埭游击区开展武装斗争。加上沿途留下的军团地方工作团干部和少量指战员，以及在柯村一带安置的伤病员，先遣队留在皖南的部队和干部有近千人。随后，军政委员会还决定留下聂洪钧为皖南特委书记。这些安排加强了皖南地区党

的领导和革命武装力量，为坚持开展游击战争创造了有利条件。[1]

在怀玉山地区，方志敏率领红军北上抗日先遣队浴血奋战，他命令参谋长粟裕率领 800 余人先行突围，保存了这支革命火种，这支部队后来创建发展了闽浙边游击根据地。粟裕回忆这段惊心动魄的历史指出：1935 年 1 月 16 日，“方志敏同志和我商定，因敌情紧急，部队应立即行动，先头部队先走，同时通知刘畴西同志率领军团主力迅速跟上，当日夜晚全部通过敌陇首地段封锁线，进入闽浙赣苏区。下午六时，我们正要整队出发，刘畴西同志派人来通知，部队虽已到齐，但人员疲劳，当晚不能再走。这时我建议，情况这样紧，决不能迟延了，今天晚上必须一律通过敌封锁线。方志敏同志完全同意我的意见，他担心刘畴西同志犹豫迟疑，便决定留下来同主力部队一起行动，要我率先头部队立即前进。”[2]

“红军北上抗日先遣队的进军虽然失败了，然而由方志敏等同志领导的广大指战员和烈士们的可歌可泣的战斗业绩，已成为红军斗争史中英勇悲壮的一页，将永垂青史！蒋介石国民党的反革命‘围剿’，并没有也绝不可能扼杀掉先烈们为之舍身奋斗的革命大

1　中共福建省委党史研究室等编：《中国工农红军北上抗日先遣队》，中共党史出版社 1990 年版，第 14、18 页。

2　粟裕：《回顾红军北上抗日先遣队》，载老战士诗文集编委会、中国革命博物馆编：《名将粟裕》，新华出版社 1986 年版，第 26 页。

业。红军北上抗日先遣队保存下来的力量，随即高举革命火把，又继续战斗了。”[1]

粟裕、刘英率领部队突围后，到达赣东北苏区，找到了中共闽浙赣省委。不久，根据中央分局的指示组建红军挺进师，立即进入浙江境内。1935 年 2 月 27 日，红军挺进师在师长粟裕、政委刘英的率领下，由赣东北向浙西南进军。部队途经闽北苏区时，原失散的红军北上抗日先遣队（红七军团阶段）洪家云率领的一个营(在闽北苏区改编为红三团)重新归队。红军挺进师挺进浙西南后，发动群众，建立党的组织，开展游击战争。历经三年的艰苦战斗，建立了中共闽浙边临时省委，形成了包括浙南、浙西南、浙东南等广阔区域的闽浙边游击根据地。

红军北上抗日先遣队（红七军团阶段）留在闽东苏区的近千名红军指战员（包括五六百名伤病员），加入闽东红军独立师，冯品泰等还担任闽东红军独立师师长等重要职务。他们为闽东地区坚持三年游击战争做出了贡献。

方志敏领导的红军北上抗日先遣队（红十军团阶段)留在皖南的侦察营和一批康复后的红军指战员编入皖南红军独立团，成为游

1　粟裕：《回顾红军北上抗日先遣队》，载老战士诗文集编委会、中国革命博物馆编：《名将粟裕》，新华出版社 1986 年版，第 34 页。

击区的骨干力量。1936 年 4 月，又改编为皖浙赣红军独立团，成为皖浙赣边游击根据地的主力部队。还有数百名分散在皖浙赣边境的赣东北、皖赣、浙皖、上浙皖、下浙皖的原红军北上抗日先遣队的指战员，参加当地党组织领导的游击战争。

1937 年七七事变后，国共两党第二次合作，南方八省红军游击队统一改编为新四军。皖浙赣、闽浙边、闽北、闽东等游击根据地内的原红军北上抗日先遣队的指战员编入新四军，继续高举北上抗日的旗帜，奔赴抗日前线，驰骋大江南北。

方志敏坚持理论联系实际，一切从实际情况出发的工作作风，为我们树立了光辉的典范。今天，我们在加强党的建设新的伟大工程中，一定要坚持党的实事求是的思想路线，不断研究新情况，解决新问题，努力开创新时代中国特色社会主义伟大事业的新局面。

三、方志敏是党和人民的伟大榜样，激励我们不懈奋斗

党中央对方志敏同志给予了高度评价。方志敏英勇牺牲后，他的英雄事迹很快在国内外得到传播。1935 年 8 月 1 日，中共中央和苏维埃中央政府公开发表《为抗日救国告全体同胞书》，首次把为

救国而捐躯的方志敏列为民族英雄。1937 年 1 月，党中央机关报《斗争》出刊“纪念民族英雄方志敏专号”。1964 年，毛泽东亲自为方志敏烈士题写了墓碑，他曾说：“方志敏同志是有勇气、有志气，而且是很有才华的共产党员，他死的伟大，我很怀念他。”1984 年 6 月，邓小平为江西省委编辑的《方志敏文集》题写了书名。1997 年，江泽民在中共中央纪律检查委员会第八次全体会议上的讲话中称赞方志敏：“何等坚定的革命信念！何等高尚的精神情操！”[1] 1999 年 8 月，胡锦涛在纪念方志敏同志诞辰 100 周年座谈会上讲话，高度评价了方志敏的历史地位与功绩。习近平总书记曾多次讲述方志敏的故事，多次读方志敏在狱中写下的《清贫》，说每次都受到启示、受到教育、受到鼓舞。

方志敏在狱中写下的《可爱的中国》《清贫》《狱中纪实》《我从事革命斗争的略述》《死！——共产主义的殉道者的记述》等不朽著作，是我们党的宝贵精神财富，必将激励一代又一代人，为党和人民的事业不懈奋斗。

方志敏虽然壮烈牺牲了，但他的革命精神永远鼓舞我们奋勇向前。我们要学习方志敏听党指挥、永跟党走的革命精神。他说：

1　江泽民：《大力发扬艰苦奋斗精神》（1997 年 1 月 29 日），载《江泽民文选》第 1 卷，人民出版社 2006 年版，第 620 页。

“党要我做什么事，虽死不辞。”[1]这充分体现了一个共产党人对党无比忠诚的政治态度和崇高品德。我们要学习方志敏不忘初心、牢记使命的崇高信仰。他说：“敌人只能砍下我们的头颅，决不能动摇我们的信仰！”[2]这充分体现了一个共产党人为共产主义事业奋斗终生的坚定信念和革命意志。我们要学习方志敏为民族解放、人民幸福而不懈奋斗的浩然正气。他说“爱护中国，拯救中国”，这充分体现了一个共产党人对祖国和人民的无比热爱和高尚情操。

习近平在庆祝中国共产党成立100周年大会上指出：“中国共产党一经诞生，就把为中国人民谋幸福、为中华民族谋复兴确立为自己的初心使命。一百年来，中国共产党团结带领中国人民进行的一切奋斗、一切牺牲、一切创造，归结起来就是一个主题：实现中华民族伟大复兴。”[3]方志敏就是其中的杰出代表。革命薪火，代代相传。当前，在中国共产党团结带领中国人民踏上实现第二个百年奋斗目标的新的赶考道路上，我们要学习、弘扬方志敏革命精神，永远把它传承下去、发扬光大。

1　方志敏：《我从事革命斗争的略述》（1935年3月），载《方志敏全集》，人民出版社2012年版，第93页。

2　方志敏：《死！——共产主义的殉道者的记述》（1935年5月25日），载《方志敏全集》，人民出版社2012年版，第141页。

3　习近平：《在庆祝中国共产党成立一百周年大会上的讲话》，《求是》2021年第14期。

方志敏与黄道在闽北苏区*

张金锭

革命家方志敏，诞生地江西省弋阳县；革命家黄道，诞生地江西省横峰县。

人杰地灵，两人诞生地都在赣东北。志趣相投，两人离别家乡去求学。五卅惨案，两人同回赣东北。弋阳横峰暴动，两人共创根据地和红十军。才华横溢，两人都留下传世之作。

方志敏与黄道的情怀，是多角度、多方位、多层次、多侧面的。1931年7月，黄道受党中央指派到闽北苏区任职，从赣东北来到“闽北苏区红色首府”大安，担任中共闽北分区委书记，主持闽北苏区党政军全面工作。

当年的闽北和赣东北，同属一块革命根据地。1930 年 7 月 25 日，福建省委巡视员邱泮林来到崇安。27 日，中共崇安县委召开

* 本文原载于《战争年代》2021 年第 3 期。

扩大会议，县委书记陈耿主持，邱泮林在会上传达党中央关于“将闽北、赣东北两块革命根据地合并”“调闽北崇安红军到赣东北组编红十军”的决定。

1932 年 9 月，方志敏根据党中央决定，再次率领红十军进军闽北苏区作战。此时，黄道为书记的闽北苏区，其首脑机关驻闽赣边分水关南麓的大安。此时此刻，方志敏从军情与友情出发，特地选择大安作为红十军的入闽地和回师地。

1932 年 9 月 14 日。这一天，既是红十军到达闽北苏区首府大安的日子，也是方志敏与黄道两位革命家见面的日子，又是红十军和闽北红军独立团肩负配合作战的日子。这天夜里，双方喜逢在大安闽北分区委礼堂，由黄道主持召开欢迎红十军二进闽北苏区作战大会，方志敏传达党中央关于红十军二进闽北苏区作战的光荣使命。

方志敏说，党中央决定红十军第二次进军闽北苏区作战，主要任务是“从争取战争的胜利中来扩大闽北苏区，特别着重打通闽北与赣东北两个苏区的联系”。[1]当时，这两个苏区只相隔 30 余里，只要多打几个胜仗，努力做好争取群众的工作，这个任务是不难完成的。接着，方志敏宣布红十军二进闽北苏区作战分三步：

1　方志敏：《我从事革命斗争的略述》（1935 年 3 月），载《方志敏全集》，人民出版社 2012 年版，第 78 页。

第一步，以红十军大部分主攻赤石镇，另派一小部分配合闽北红军独立团攻打星村镇。这两个镇占领后，就可以完成崇安全境苏维埃化。

第二步，红十军与闽北红军独立团进攻浦城县，一面扩大闽北苏区，同时争取一批给养。

第三步，红十军从福建浦城县回来后，在江西省铅山县行动一个时期，以完成打通两个苏区的任务。

欢迎大会后，已是深夜时刻，黄道对闽北红军独立团黄立贵团长说:“红十军第一次入闽作战时，方志敏把你留在闽北苏区。你从营长到团长时隔 1 年零 5 个月，方志敏再次率红十军到闽北苏区作战，是你配合红十军作战作贡献的机会。”黄立贵在闽北苏区，时称“黄老虎”，他率领闽北红军独立团，方志敏指到哪里，就打到哪里，红十军二进闽北苏区，主要进行了三次有影响的战斗。

红十军攻克赤石与星村两镇

红十军对赤石和星村两个镇，是同时发起攻击的。9 月 15 日，刚天明，红十军军部和八十三团首先将赤石镇敌人包围了。红十军八十四团配合闽北红军独立团攻打星村镇。当时方志敏在赤石镇进行现场指挥。

方志敏站在赤石外围的山包上，手里拿着望远镜，对部队高声讲话：“同志们，星村镇的敌人一个营，被我军全部消灭了，希望同志们坚决将赤石镇的敌人全部消灭！……”

在紧急动员后，一声冲锋号令，打赤石的战斗开始了。从早晨打到下午2时，把敌人孤立到一座断水断粮的山包上，红十军抓住这个有利地形和战机，采取强大政治攻势，动摇了敌人军心，顿时敌人举起白旗，全部主动放下武器投降。

红十军在赤石消灭国民党刘和鼎1个团，并缴到无线电台1部。这是红十军第一次缴到无线电台，全军高兴极了。驻赤石镇的这个团，为什么会丢失无线电台呢？后来方志敏在和敌人无线电台队长谈话时了解到，原来是这个团长私吞了30余名抬无线电机工人的工钱，临时找不到那么多工人，延缓了战机和时间，以致被红十军碰着缴来了。

红十军进攻浦城县城

红十军于9月15日，攻克赤石与星村两镇后，根据进军浦城县城的作战线路，在崇安县的坑口和乌山寺宿营，于9月17日晚进入浦城县城作战阵地。

黄道通过电台指挥黄立贵，要求黄立贵率领的闽北红军独立团和崇安赤卫军，要紧密配合红十军攻打浦城县城。

浦城县是地处闽浙赣三省边缘的重要县城。当年的浦城，城墙高 2.4 丈，厚 1.8 丈，设有大小城门 10 座，炮楼 9 座，是一座易守难攻的老县城。城内驻国民党军 1 个团，民团 400 多人助战。

红十军和闽北红军独立团，在方志敏统一指挥下，分兵三个方向进攻：八十一团攻打西门，八十二团攻打北门，八十三团攻打南门，闽北红军独立团攻打东门，数百名崇安赤卫队员负责搬运登城的竹梯助战。

经过两昼夜猛战，轮番攻城，于 9 月 19 日下午 6 时攻城成功。战斗中俘敌 600 多人，歼敌 2 个团又 1 个营，缴步枪 700 多支，轻重机枪 38 挺，迫击炮 5 门，电台两部，筹款 50 余万元。

红十军在浦城县城驻扎 3 天，召开群众大会，宣传共产党主张，成立浦城县苏维埃政府，建立了工会、农会，组建了工农自卫队和浦城独立营，为闽北根据地开辟了大片新区。

红十军马鞍山阻击战

1932年9月21日，江西国民党军调集4个团，分别在武夷山南麓马鞍山（又称草鞋岭），以及江西铅山县河口镇布下两道防线，一是截断红十军回师赣东北的道路，二是对闽北苏区首府大安构成军事威胁，军情火急。

黄道书记立刻指示闽北分区司令部，用他的名义将此紧急军情通过电台发到浦城，向方志敏汇报。

方志敏接到黄道发来的“急电”，21日连夜召开高层军事会议，命令红十军和闽北红军独立团，昼夜紧急行军，从浦城追赶到马鞍山。

马鞍山，位于崇安县分水关南部，四周高山叠嶂，前后悬崖岩壑，是一座天然屏障，又是红十军回师赣东北和大安必经的一条通道，谁先占领马鞍山制高点，谁就赢得获胜的主动权。

此时此刻，双方在这一带展开一场比体力、比意志、比速度，争夺马鞍山高地的较量。红十军跑步登山，比敌军提前5分钟占领马鞍山制高点，激战一天一夜，消灭敌人2个团，缴获大量枪炮，打赢了这场有惊无险的马鞍山阻击战。

红十军甩掉阻击的国民党军，于9月23日从马鞍山回到大安。在大安休整期间，方志敏与黄道两位革命家亲切会面，红十军为闽北苏区首府大安建造了一个能容纳两三千人的运动场，用来开展苏区体育比赛，召开群众大会。

1932年9月28日，黄道在大安运动场为方志敏率领的红十军举行了盛大的迎送大会。方志敏与黄道在闽北苏区的合作在闽浙赣革命根据地广为传颂。

革命家方志敏率领红十军来到闽北苏区作战，粉碎了国民党军对闽北苏区的“围剿”，奠定了闽北苏维埃和红军向前发展的基础，打通了赣东北根据地与闽北根据地的联系，实现了闽北苏区横跨闽浙赣三省26个县——福建是崇安、建阳、建瓯、政和、松溪、浦城、光泽、邵武、顺昌、南平、将乐、建宁、泰宁、屏南、古田、周宁、寿宁17个县，江西是金溪、资溪、贵溪、广丰、铅山、上饶6个县，浙江是江山、庆元、龙泉3个县。苏区纵横300余里，人口五六十万，进入全盛时期。至此，闽北苏区成为闽浙赣苏区、中央苏区的重要组成部分。受到毛泽东称赞的闽北苏区，载入中华苏维埃共和国的史册。

风雪怀玉山*

黄文富

怀玉山以姿态奇异的青松、鬼斧神工的岩石、苍茫无际的云海和缭绕云雾的峰峦，横亘闽浙赣皖苏区边境。西晋文学家陆机（261—303）《文赋》有云："石韫玉而山辉，水怀珠而川媚。"相传天帝遗珠此山，山神藏焉，故名怀玉山。

1934年，中国工农红军北上抗日先遣队（红七军团）首举北上抗日旗帜，从中央苏区首府瑞金出发，历经近4个月转战，绕行了上千公里的崇山峻岭，来到怀玉山下重溪。在这里，根据中革军委的电令，与方志敏创建的赣东北红十军合编为中国工农红军第十军团（对外仍打着中国工农红军北上抗日先遣队的旗号）。在方志敏（时任闽浙赣省苏维埃政府主席、红十军团军政委员会主席）的率领下，北上抗日，有力地牵制了国民党军"围剿"中央苏区的兵力，

* 本文原载于《战争年代》2021年第3期。

策应中央苏区及中央红军实施战略转移。

北上抗日先遣队（红十军团），兵锋所向国民党统治集团的心腹之地，蒋介石唯恐后院起火，便以超过先遣队20倍的兵力，进行疯狂“追剿”，并形成层层包围圈，步步缩小。

在敌强我弱的情况下，北上抗日先遣队于皖南谭家桥一役失利，方志敏决定返回赣东北根据地，重整旗鼓，以利再战。归途中，经皖赣边境分水关时，又遭敌军封锁。突围中，先遣队损失惨重。

1935年1月26日，方志敏和部分失散红军来到了怀玉山太阳坑。春寒料峭之际，怀玉山气温骤降。在这浓密遮天的山林里，每一棵树都在挡路，每一条青藤都在缠身，红军队伍只有开山辟路前行。后有国民党军“追剿”队伍，前有国民党军布下的封锁线，要想突出包围，真是太难了！

这时，有人建议方志敏不如化装成“山民”到山下白区隐蔽一段时间，跟着队伍目标太大。为会合大部队，方志敏毅然拒绝了这些人的好意相劝。“不！我不能走！不能离开大家！”说完，他继续带领失散的红军人员，不分昼夜地翻山越岭、攀藤附葛，寻找突围缺口。

一天，在一片寂静的山林深处，方志敏不经意遇到了一个在这一带打猎的畲族雷姓猎户。一番投石问路后，方志敏了解到太阳坑是个人迹罕见的山坞，唯有雷猎户一家独居。

雷猎户在山下因受不了财主东家(地主)的盘剥压榨，交不起欠下的田租，举家躲进这深山老林，靠打猎为生，再种些玉米、番薯度日。

雷猎户一天到晚山里来山里去，对怀玉山的地形地貌十分熟悉，对国民党军"追剿"红军布下的封锁线也了如指掌。他虽不懂革命道理，但下山时也听说红军是好人，是帮穷人打财主东家(地主)的队伍。雷猎户见方志敏虽衣衫褴褛，但目光炯炯有神，说话和蔼可亲，像个读书人的样子，心想莫非此人就是国民党军要抓捕的"共匪"大头目，便如实地把情况告诉了方志敏，提醒他前面有"黄狗"(国民党军)，要注意隐蔽。

这时的方志敏已经七天七夜没吃没睡了，显得十分疲惫，步履蹒跚。雷猎户见状，急忙回到家中，让母亲准备晚饭。

待夜幕降临，雷猎户再悄悄地将方志敏等人引到自己家中，端上一大钵头的苞谷饭(玉米捣碎蒸熟而成)。

饭后，方志敏十分感激地对雷母说："同志嫂，谢谢你的这餐苞谷饭啦！本来我们红军是有纪律的，吃了群众的东西要付钱。现在我身无分文，我把这望远镜留给你们，将来革命胜利了，你拿这望远镜来找我，我再归还你今天这餐苞谷饭的钱，好吗?"

方志敏话音未落，在门口站岗望风的雷猎户急忙走进屋内对他说：“不！这望远镜你留着有用，你们红军为我们穷人打财主东家(地主)，到我们家吃一餐苞谷饭还要付钱，这也说不过去啊！”

无论雷家母子怎样推辞，方志敏还是紧紧地握住雷猎户的双手，指着附近的一棵苦槠树说：“我现在无法打仗了，马上要越过敌人的封锁线，跳出敌人的包围圈，我将这望远镜挂在那棵树杈上，辛苦你去取一下……”接着又转身对雷母说：“同志嫂，别看我们红军现在遭受了些挫折，就像这怀玉山大雪后的翠竹一样暂时弯下了腰，等太阳一出，我们又会挺直腰杆，抬起头的！红军迟早要胜利，我一定会来看望你们，感谢你们今天这餐苞谷饭啊！”

雷家母子俩还是拗不过方志敏，望着他远去的身影，雷猎户只好取回了挂在那棵苦槠树上的望远镜。

深夜，方志敏等人向怀玉山深处的九十九坞高竹山突围。就在这一天，国民党军又加强了对怀玉山“追剿”的兵力，将包围圈缩小到九十九坞高竹山这小块地方。

1935年1月29日，因叛徒告密，方志敏在怀玉山九十九坞高竹山的冰天雪地中不幸被捕。

消息传来，雷家母子才知道，原来那个到他们家吃苞谷饭，还留下望远镜的红军，竟是闽浙赣省苏维埃政府主席——方志敏。雷猎户手捧方志敏留下的望远镜潸然泪下，雷母不禁哽咽哭泣。

此后，雷猎户下定决心，一定要保护好方志敏留下的望远镜。为防备敌人的搜查，他做了个小木箱，将望远镜装好，深埋在怀玉山香炉峰下沙坪口的石洞里。

1994 年，雷猎户临终前，将方志敏留给他们家望远镜一事告诉了儿子，再三嘱咐："这望远镜是方志敏的遗物，是咱雷家的传家宝，千万要保护好，传下去！"

2002 年，一个春暖花开的日子，由当年方志敏率领的北上抗日先遣队（红十军团）发展起来的部队——解放军驻哈尔滨某部，不远万里，重返怀玉山，采访当年红军在风雪怀玉山的战斗历史，慕名来到了雷猎户儿子的家中。在当地党史部门的配合下，经考证，确认雷家舍命保存的这副望远镜就是当年方志敏率领北上抗日先遣队(红十军团)时所用的望远镜。在征得雷家同意后，部队党委和地方党委向雷家颁发了征集收藏革命文物证书。这副珍贵的望远镜，如今陈列在解放军驻哈尔滨某部的军史馆内。

闽浙赣皖边境怀玉山下的乡亲们将代代传颂方志敏吃群众一餐苞谷饭还留下了望远镜的故事。

方志敏：可爱的中国如您所愿*

方志敏（1899—1935），江西弋阳人，杰出的农民运动领袖，毛泽东最敬重和怀念的“农运大王”。他领导创建了一支红军、一块拥有50个县和100多万人口的赣东北根据地，与闽北根据地连成一片，成为中央根据地的重要组成部分，并创造了一整套建党、建军和建立红色政权的经验。他所创建的根据地被毛泽东称之为“方志敏式”的根据地。2009年方志敏当选“100位为新中国成立作出突出贡献的英雄模范人物”。

方志敏于1922年8月加入中国社会主义青年团，1924年3月转为中国共产党党员。他激动地写道：“从此，我的一切，直到我的生命都交给党去了。”第一次国共合作期间，他先后任国民党江西省党部执行委员兼农民部部长、中共江西区委工委书记、中共江

* 本文原载于《福建党史月刊》2021年第7期。

西省农民协会秘书长。1925 年 7 月，被党组织派回家乡开展农民运动。1927 年 3 月当选为中华全国农民协会临时委员会执行委员。1928 年创建赣东北革命根据地，领导组建中国工农红军第十军。先后任赣东北省、闽浙赣省苏维埃政府主席，红十军、红十一军政治委员，中共闽浙赣省委书记。

方志敏两次率领红十军入闽作战，对拓展闽北苏区、闽浙赣苏区，巩固中央苏区，功不可没。1931 年 4 月下旬，红十军入闽共进行 11 场战斗，仗仗皆捷，打出了军威，筹集了大批款项，缴获了大量武器，稳定了闽北苏区的局势。1932 年 9 月，为打通赣东北、闽北苏区，与中央苏区连成一片，粉碎敌人第四次“围剿”，方志敏再次率红十军入闽作战，转战闽北 22 天，攻打赤石、星村和闽北苏区的“粮仓”浦城，取得了打开闽北苏区局面的决定性胜利。

方志敏领导苏区军民进行大量的创造性工作。他提出“53 个字游击战术要诀”:“出敌不意，攻敌不备，声东击西，避实就虚，集中兵力，争取主动，打不打操之于我。扎口子，打埋伏，打小仗，吃补药，吃得下就吃，吃不下就跑。”他创立股份制，发行红色股票；实行对外开放的边贸政策，形成几条对外贸易的路线。他亲自主持制定《临时消费合作社条例大纲》，普遍建立消费合作社。在财政收入上，闽浙赣省由过去靠打土豪收入为主，改由靠苏区发展国民经济、扩大贸易来增加财政收入。因此，闽浙赣革命根据地被中华苏维埃共和国临时中央政府授予“苏维埃模范省”的光荣称号，被毛泽东誉为“有很好创造”，是“方志敏式”的根据地、“坚强的苏维埃阵地”。方志敏被临时中央政府特别授予红旗勋章。

1934 年 11 月中央主力红军长征后，方志敏奉命率孤军北上抗日，终遭失利而被捕。在狱中的最后几个月里，他写下了《可爱的中国》《清贫》《狱中纪实》等 13 万余血铸的文字。“假使能使中国民族得到解放，那我又何惜于我这一条蚁命！”“我爱护中国之热诚，还是如小学生时代一样的真诚无伪；我要打倒帝国主义为中国民族解放之心还是火一般的炽烈。”“我虽然不能实际地为中国奋斗，为中国民族奋斗，但我的心总是日夜祷祝着中国民族在帝国主义羁绊之下解放出来之早日成功！”[1]

“革命必能得最后的胜利，我愿意牺牲一切，贡献于苏维埃和革命。”[2]敌押他到上饶、南昌等地示众，他戴着镣铐昂首立于台

1　方志敏：《可爱的中国》（1935 年 5 月 2 日），载《方志敏全集》，人民出版社 2012 年版，第 129、139 页。

2　方志敏：《方志敏自述》（1935 年 1 月 29 日），载《方志敏全集》，人民出版社 2012 年版，第 3 页。

上，凛然不可撼。1935 年 8 月 6 日，方志敏在南昌下沙窝英勇就义，时年 36 岁。

方志敏当年写下的《可爱的中国》，字里行间洋溢着无法阻挡的阳光与希冀。也正如烈士笔下所愿，今日之中国，“到处都是活跃跃的创造，到处都是日新月异的进步……”[1]

1 方志敏：《可爱的中国》（1935 年 5 月 2 日），载《方志敏全集》，人民出版社 2012 年版，第 138 页。

在清贫品格中感悟共产党人的初心*

——重读方志敏烈士的《清贫》

戎章榕

方志敏烈士的名篇《清贫》，早年就读过，不止一遍。在隆重纪念中国共产党诞辰100周年、纪念方志敏烈士亲率红十军入闽作战90周年之际，再读《清贫》，重温方志敏烈士的清贫品格，不只是接受精神上的洗礼，更是重新感悟共产党人的初心。

方志敏，1899年出生于江西省弋阳县漆工镇湖塘村一个普通农民家庭。他自幼勤奋好学，敬重爱国英雄，敬仰岳飞的“精忠报国”，崇尚文天祥的“留取丹心照汗青”，推崇于谦的“要留清白在人间”。1940年，叶剑英含泪读罢方志敏在狱中完成的文稿，即赋诗道:“血染东南半壁红，忍将奇迹作奇功。文山去后南朝月，又照秦淮一叶枫。”文山是文天祥的号，叶剑英将方志敏比之文天祥，

* 本文原载于《福建党史月刊》2021年第11期。

实至名归。追溯方志敏成长经历，对其影响深远的，当属弋阳乡贤、南宋著名爱国志士、曾担任兵部架阁的谢叠山抗元的事迹。这给从小就读于叠山书院的方志敏，在求学求真理潜心求索救国救民之道的过程中以启发。

笔者结合三次机缘近距离瞻仰学习方志敏，谈谈对《清贫》的理解与感悟。

一

2020 年 12 月，我去武夷山红色采风。站在武夷山坑口村土墙下，仰望保留在墙上方志敏的手迹“中国红军万岁”，实地了解了方志敏在作为全国最早创建的六大革命根据地之一——赣东北根据地浴血奋战的光辉历程。

方志敏是闽浙赣革命根据地创始人之一，是早期闽浙赣省委书记、第一任闽浙赣省苏维埃政府主席。闽浙赣革命根据地 (早期称赣东北根据地) 曾被毛泽东誉为“方志敏式”根据地，“是我们的巩固的阵地”，被中华苏维埃共和国临时中央政府授予“苏维埃模范省”称号。

“经手的款项有数百万元之多”，但都“一点一滴用之于革命事业”。方志敏白手起家创建了赣东北根据地，并大力发展苏区经济。他顾全大局，在赣东北根据地根基尚不稳固、经济困难时，响应号召上交1000多两黄金，节衣缩食为中央提供资助。方志敏常对赣东北的同志讲：“中央苏区大，开支也大，经济来源有限，要尽可能地支援中央苏区。”方志敏虽为党的重要领导干部，但与普通工作人员一样，过着极为清贫的生活。第二次反“围剿”时，缴获敌人20多万银圆、2000多两黄金，他却依然和普通战士一样，每天只有4分钱菜金，兜里没有一块铜板。不幸被俘时，敌人对他从头搜到脚，除了一支钢笔和一块旧怀表，什么也没有找到。

“矜持不苟，舍己为公，却是每个共产党员具备的美德”。[1]方志敏不仅苦心经营中央苏区，而且在对待亲戚上也严于律己，公私分明。当方志敏的婶婶向他讨盐钱时，他回答说：“我管的花边不少，几十万几百万也有。不过都是革命的花边，一个铜板也动不得。要是我拿革命的花边来给婶婶们买盐，这穷人的主席我还当得？”后来，方志敏的妻子缪敏不幸被捕，妻兄缪镇东向方志敏要400大洋的保释费，方志敏听后摇头拒绝了。他说：哪能拿出这么多钱去送给那批贪官污吏呢？苏维埃政府的钱来之不易，要尽量节

1　方志敏：《清贫》（1935年5月26日），载《方志敏全集》，人民出版社2012年版，第162页。

约，400 大洋留下来，可以做许多事，还是另想他法吧。

“清贫，洁白朴素的生活，正是我们革命者能够战胜许多困难的地方！”[1]的确，方志敏率红十军首次入闽前后作战 10 多次，取得“战战皆胜”的战绩，靠的是什么？很大程度上靠的是保持清贫本色。入闽首战赤石大捷，就筹集银圆 10 万、黄金 3000 余两，全部用于部队的给养和闽北苏区的发展。身为红十军的政委，他始终与官兵同甘苦，与百姓共冷暖。

二

2019 年 11 月，我利用去武汉开会之际，参观了毛泽东主办的中央农民运动讲习所旧址，那里正在举办方志敏烈士生平事迹展。在此地办展，可谓意味深长，既有两位革命家的历史交集，更有对中国革命道路的昭示。

众所周知，我们党早期在革命道路上是有过分歧的，是走苏联那样在城市中心赢得革命成功之道，还是结合中国实际走农村包围城市之路？毛泽东与方志敏在农民革命问题上志同道合，认为中国革命的性质实质上是中国共产党领导下的农民革命战争，农民是中

1　方志敏：《清贫》（1935 年 5 月 26 日），载《方志敏全集》，人民出版社 2012 年版，第 164 页。

国革命的主要力量，中国革命必须发动农民、组织农民。方志敏来自农民，深知农民，写过分析农民为什么要暴动的文章。不是共产党要用暴力，是农民实在活不下去了才暴动。党是顺应潮流，为民请命，争生存，求翻身。“可见，不是共产党要暴动，是农民推着党走，是形势使然。”

方志敏在短暂的一生中，3 次与毛泽东见面，建立了深厚的革命情谊。尤其是第三次，1927 年 3 月，毛泽东、邓演达主持的中央农委扩大会议在武汉召开，方志敏参加了这次会议。他在发言中，对湖南的农民运动给予充分肯定，完全赞同毛泽东关于推翻地主武装、建立农民武装的主张，得到了与会代表的赞许。为此，毛泽东还特邀方志敏到中央农民运动讲习所向全体学员作演讲，反击右派，以正视听。会上，毛泽东与方志敏等 13 人被推选为中华全国农协临时执委。

方志敏是毛泽东最为关注、最为敬重、最为怀念的中共早期领导人之一。新中国成立后，毛泽东指示一定要找到方志敏的遗骨，称赞方志敏是“有勇气、有志气，而且是很有才华的共产党员，他死的伟大，我很怀念他”。1964 年，毛泽东亲自为方志敏烈士题写墓碑。

另有一则轶事。1957 年 8 月，毛泽东在庐山会议后返京途中，当专列到达上饶时，本想下车前往弋阳看看方志敏的故乡。随行人员考虑到时已是晚间，从安全角度劝阻，无奈之下，毛泽东嘱咐："今后有机会，专列要在上饶停上一、二天，去看看方志敏的故乡和他创建的那块革命根据地。"

毛泽东之所以如此感念方志敏，是因为方志敏是我们党最早认识到农民运动重要性、认识到武装斗争重要性、认识到建立革命根据地进行工农武装割据重要性的革命家之一。

三

为写此文，日前再读著名作家梁衡的《方志敏最后的七个月》，不仅让我进一步认识了方志敏在生命的最后时刻怎样对待生与死，而且透过清贫、透过生死感受到支撑他的信念。

《清贫》是方志敏在狱中完成的一篇文稿，写的是他被捕时的情景，展现出一个共产党员一身正气两袖清风的崇高品格。他从 1935 年 1 月 29 日被捕，到 8 月 6 日就义，在狱中总共不到 7 个月，其间还不断地被转移、被提审，终日戴着脚链手铐，却写出了《可爱的中国》《狱中纪实》等十几篇文章，共 13.6 万字，每天平均要完成1000多字。这是需要何等的毅力和信念呀！光此就为我们党留下了弥足珍贵的精神财富。

方志敏被捕后，面对敌人的威胁，不为所惧，面对国民党审讯官员义正词严地回答："我不爱爵位也不爱金钱。"在他狱中完成的手稿中，有一篇题为《死！——共产主义的殉道者的记述》，很能代表他内心的追求："敌人只能砍下我们的头颅，决不能动摇我们的信仰！因为我们信仰的主义，乃是宇宙的真理！为着共产主义牺牲，为着苏维埃流血，那是我们十分情愿的啊！"[1]

方志敏的清贫观来自他的生死观，而他的生死观则来自他坚定的信仰。早在1924年3月，方志敏加入了中国共产党，他说："从此，我的一切，直至我的生命都交给党去了！""党要我做什么事，虽死不辞。"[2]他身陷囹圄，视死如归，"法西斯匪徒们只能砍下我们的头颅，决不能丝毫动摇我们的信仰！我们的信仰是铁一般地坚硬的"。[3]阅读方志敏的著作，每个人都能深切感受到一位优秀共产党人的初心和使命。

1　方志敏：《死！——共产主义的殉道者的记述》（1935年5月25日），载《方志敏全集》，人民出版社2012年版，第157、141页。

2　方志敏：《我从事革命斗争的略述》（1935年3月），载《方志敏全集》，人民出版社2012年版，第24、93页。

3　方志敏：《我们临死以前的话》（1935年3月25日），载《方志敏全集》，人民出版社2012年版，第105页。

方志敏精神永放光芒

清贫，是方志敏一生最鲜明的品格风范，是他一生大义担当的真实写照，是共产党人的政治本色和价值追求，是中国共产党永志不忘的红色血脉。习近平总书记曾深情地说：“我多次读方志敏烈士在狱中写下的《清贫》。那里面表达了老一辈共产党人的爱和憎，回答了什么是真正的穷和富，什么是人生最大的快乐，什么是革命者的伟大信仰，人到底怎样活着才有价值，每次读都受到启示、受到教育、受到鼓舞。”[1]清贫品格对于共产党员来说，是我们的法宝，是我们的传家宝，要代代相传。站在“两个一百年”的历史交汇点，为全面建设社会主义现代化国家，为实现中华民族伟大复兴的中国梦，我们要从中汲取力量再出发，续写新的历史华章。

1　人民日报社评论部：《习近平讲故事》，人民出版社 2017 年版，第 71 页。

重温红色经典　领悟建党精神*

——纪念方志敏率领红十军入闽 90 周年

黄春珍

在建党百年，也是方志敏率领红十军入闽 90 周年的日子里，重读《可爱的中国》《清贫》，对缅怀先烈丰功伟绩，学习先烈革命精神，继承党的优良传统，弘扬伟大建党精神，坚定走好新的征程，别有一番意义。

我在少年时代，就从语文课本中读过方志敏烈士的名篇，当时《可爱的中国》《清贫》等文章是老师和同学们争相诵读的范文。文中所展现的方志敏烈士的英雄形象、闪光思想、崇高品格和伟大革命精神，深深地滋养着一代又一代青少年。“我爱护中国之热诚，还是如小学生时代一样的真诚无伪”。[1] “敌人只能砍下我们的头颅，

* 本文原载于《福建党史月刊》2021 年第 11 期。

1 方志敏：《可爱的中国》（1935 年 5 月 2 日），载《方志敏全集》，人民出版社 2012 年版，第 139 页。

决不能动摇我们的信仰!”[1]如今重读起来，依然那么熟悉、那么亲切、那么让人感动，这份宝贵的精神遗产已深深融进我们这代人的血脉。

习近平总书记在庆祝中国共产党成立100周年大会上的重要讲话中指出：“一百年前，中国共产党的先驱们创建了中国共产党，形成了坚持真理、坚守理想，践行初心、担当使命，不怕牺牲、英勇斗争，对党忠诚、不负人民的伟大建党精神，这是中国共产党的精神之源。”[2]86年前，方志敏烈士英勇就义，用鲜血和生命诠释了中国共产党的伟大建党精神。在人生的至暗时刻、生命的最后时日，他在狱中写下了《可爱的中国》《清贫》《我从事革命斗争的略述》《死！——共产主义的殉道者的记述》等十几万字的传世之作和不朽名篇，书写了中国共产党建党精神最真实、最生动、最精彩、最感人的一页。这些用忠诚和热血书写的文字，激励着一代又一代的共产党人。今天，我们重温这些红色经典，会更加深刻地理解和领悟从他身上体现出来的伟大建党精神。

方志敏烈士的崇高理想信念，体现了“坚持真理、坚守理想”

1　方志敏：《死！——共产主义的殉道者的记述》（1935年5月25日），载《方志敏全集》，人民出版社2012年版，第141页。

2　习近平：《在庆祝中国共产党成立一百周年大会上的讲话》，《求是》2021年第14期。

的建党精神。1924 年 3 月，经赵醒侬等同志介绍，方志敏在南昌转入中国共产党。在《我从事革命斗争的略述》一文中，他写道："不管阶级敌人怎样咒骂诬蔑共产党，但共产党终竟是人类最进步的阶级——无产阶级的政党。"[1]在《死！——共产主义的殉道者的记述》一文中，他慷慨激昂抒发悲壮豪情："因为我们信仰的主义，乃是宇宙的真理！为着共产主义牺牲，为着苏维埃流血，那是我们十分情愿的啊！"[2]表现出共产主义者坚定的信仰和大无畏的革命精神。在《可爱的中国》一文中，他饱含深情将祖国称作"慈祥美丽的母亲"。为了拯救母亲，他决心生命不息、奋斗不止，"欲求中国民族的独立解放，决不是哀告、跪求哭泣所能济事，而是唤起全国民众起来斗争，都手执武器，去与帝国主义进行神圣的民族革命战争，将他们打出中国去，这才是中国唯一的出路，也是我们救母亲的唯一方法"。即使到了生命的最后一刻，他依然为祖国和理想放歌："中国一定有个可赞美的光明前途"，到那时"到处都是活跃跃的创造，到处都是日新月异的进步"，"这时，我们民族就可以无愧色地立在人类的面前……这么光荣的一天，决不在辽远的将来，而

1　方志敏：《我从事革命斗争的略述》（1935 年 3 月），载《方志敏全集》，人民出版社 2012 年版，第 23 页。

2　方志敏：《死！——共产主义的殉道者的记述》（1935 年 5 月 25 日），载《方志敏全集》，人民出版社 2012 年版，第 141 页。

在很近的将来，我们可以这样相信的，朋友！”[1]方志敏牺牲后，他的英雄事迹很快传遍国内外。理想信念是共产党人安身立命的根本，我们必须继承先烈遗志，始终用伟大建党精神滋养党性修养，传播信念火种，赓续红色血脉，感党恩、听党话、跟党走，自觉做共产主义远大理想和中国特色社会主义共同理想的坚定信仰者和忠实实践者。

方志敏烈士的伟大革命实践，体现了“践行初心、担当使命”的建党精神。1919 年，当五四运动的新思想新思潮在中国开始广泛传播时，正在江西省立甲种工业学校学习的方志敏，如饥似渴地阅读《新青年》等进步书刊，参加和组织学生运动，被选为南昌学联的负责人之一。1922 年 7 月，为寻求革命真理，他来到上海，同年加入中国社会主义青年团，1924 年在南昌转为中国共产党党员。入党这一天，他写道：“从此，我的一切，直至我的生命都交给党去了！”[2]他短暂而光辉的一生始终践行着这一初心。他以救国救民为使命，勇于探索、敢为人先，把马克思主义普遍真理与中国革命实际相结合，组织领导农民武装起义，创建赣东北革命根据

1　方志敏：《可爱的中国》（1935 年 5 月 2 日），载《方志敏全集》，人民出版社 2012 年版，第 130、133、138 页。

2　方志敏：《我从事革命斗争的略述》（1935 年 3 月），载《方志敏全集》，人民出版社 2012 年版，第 24 页。

地（后发展为闽浙赣革命根据地），创建中国工农红军第十军。首创“出敌不意，攻敌不备，声东击西，避实就虚，集中兵力，争取主动，打不打操之于我。扎口子，打埋伏，打小仗，吃补药，吃得下就吃，吃不下就跑”的“53 个字游击战术要诀”，创造了一整套建党、建军和建立红色政权的经验；首创赣东北苏区《根据地土地法》，成立股份制消费合作社，施行对外开放的边贸政策，创办了一批战争需要的经济实体；创建列宁公园，创办一批学校和文教卫生单位，造就“铁的纪律”的红十军，建设具有“五种精神”[1]的强有力的苏维埃政权。赣东北革命根据地成为中央革命根据地和中华苏维埃共和国临时中央政府的东北屏障。1931 年 11 月中华苏维埃第一次全国代表大会特别授予方志敏“红星勋章”，1934 年 1 月中华苏维埃第二次全国代表大会上，赣东北苏区被评为“苏维埃模范省”。毛泽东赞扬方志敏“很好的创造”，称之为“我们光荣的模范苏区”、“方志敏式”根据地。创新是一个民族进步的灵魂，是一个国家兴旺发达的不竭动力，也是一个政党永葆生机的源泉，我们必须继承先烈革命事业，弘扬伟大建党精神，践行初心使命，始终保持坚韧不拔、自强不息、锐意进取的精神状态，自觉投入伟大斗争、伟大工程、伟大事业、伟大梦想的建设中来，创造无愧于党

1　“五种精神”是民主精神、创造精神、进步精神、刻苦精神和自我批评的精神。

和人民的新业绩。

方志敏烈士的坚强意志品质，体现了“不怕牺牲、英勇斗争”的建党精神。他以身许党、奋斗终生，“为着主义的信仰，阶级的解放，抱定了斗争到底的决心”“愈艰苦，愈奋斗！愈奋斗！愈快乐！”[1]“一个共产党员，应该努力到死！奋斗到死！”[2]1934年11月初，方志敏奉命率红十军团北上，至皖南遭国民党军重兵围追堵截，艰苦奋战两月余，被七倍于己的敌军围困。他带领先头部队奋战脱险，为了接应后续部队主动复入重围，终因寡不敌众陷入绝境而不幸被俘。他厌恶敌人“东问西问”，坦荡从容挥笔写下“自述”：“方志敏，弋阳人，年三十六岁。知识分子……大革命失败后，潜回弋阳进行土地革命运动，创造苏区和红军，经过八年的艰苦斗争，革命意志，益加坚定。这次随红十军团去皖南行动，回苏区时被俘。我对于政治上总的意见，也就是共产党所主张的意见。我已认定苏维埃可以救中国，革命必能得最后的胜利，我愿意牺牲一切，贡献于苏维埃和革命。”[3]表现出共产党人的光明坦荡和浩然正

1　方志敏：《我从事革命斗争的略述》（1935年3月），载《方志敏全集》，人民出版社2012年版，第50页。

2　方志敏：《死！——共产主义的殉道者的记述》（1935年5月25日），载《方志敏全集》，人民出版社2012年版，第160页。

3　方志敏：《方志敏自述》（1935年1月29日），载《方志敏全集》，人民出版社2012年版，第3页。

气。“我们为革命而生，更愿为革命而死！”[1]“敌人只能砍下我们的头颅，决不能动摇我们的信仰！”[2]表现了革命家气壮山河、视死如归的英雄气概。囚牢的铁窗也不能禁锢方志敏大声疾呼：“亲爱的朋友们，不要悲观，不要畏馁，要奋斗！要持久地艰苦地奋斗！要各人所有智慧才能，都提供于民族的拯救吧！”他身处黑暗而心向光明，面对死亡而赞美生命，坚信光明的中国一定会到来，“到那时……生之快乐将代替了死之悲哀，明媚的花园，将代替了凄凉的荒地！”[3]“为有牺牲多壮志，敢教日月换新天。”在中国革命、建设、改革的各个时期，共产党人不怕牺牲、不畏艰险、不懈奋斗，书写了可歌可泣的光辉事迹。无论时代如何改变，中国共产党的精神之源不会改变，我们必须努力践行建党精神，始终保持勇于攻坚克难的斗争精神，不惧艰难险阻，不负使命担当，为党和人民奉献一切。

方志敏烈士的崇高品格风范，体现了“对党忠诚、不负人民”的建党精神。“爱国、清贫、创造、奉献”是方志敏革命精神最鲜

1　方志敏：《我从事革命斗争的略述》（1935 年 3 月），载《方志敏全集》，人民出版社 2012 年版，第 100 页。

2　方志敏：《死！——共产主义的殉道者的记述》（1935 年 5 月 25 日），载《方志敏全集》，人民出版社 2012 年版，第 141 页。

3　方志敏：《可爱的中国》（1935 年 5 月 2 日），载《方志敏全集》，人民出版社 2012 年版，第 138—139 页。

明的品格。入党的那一天，方志敏激动地写道："共产党员——这是一个极尊贵的名词，我加入了共产党，做了共产党员，我是如何的引以为荣呵！"[1]他的清贫观来自他的生死观，而他的生死观则来自他坚定的信仰。方志敏被俘时，两个国民党士兵搜遍他全身，除了一块怀表和一支钢笔，没有一文钱。他对那两个士兵说："我不比你们国民党当官的，个个都有钱，我今天确实是一个铜板也没有，我们革命不是为着发财啦！"方志敏心里装的是人民，把党和人民的利益看得高于一切，心甘情愿为民族利益和国家利益付出一切。他写道："我从事革命斗争，已经十余年了。在这长期的奋斗中，我一向是过着朴素的生活，从没有奢侈过。""为革命而筹集的金钱，是一点一滴地用之于革命事业。""清贫，洁白朴素的生活，正是我们革命者能够战胜许多困难的地方！"[2]身陷牢笼的方志敏，心中日夜惦记的还是党与革命事业，"屈辱，痛苦，一切难于忍受的生活，我都能忍受下去！这些都不能丝毫动摇我的决心，相反的，是更加磨炼我的意志！我能舍弃一切，但是不能舍弃党，舍弃阶级，舍弃革命事业。我有一天生命，我就应该为它们工作一

1 方志敏：《我从事革命斗争的略述》（1935年3月），载《方志敏全集》，人民出版社2012年版，第24页。

2 方志敏：《清贫》（1935年5月26日），载《方志敏全集》，人民出版社2012年版，第162—164页。

天！”[1]对党忠诚是共产党人首要的政治品格，全心全意为人民服务是党的根本宗旨，我们必须学习革命先烈的崇高品格风范，传承弘扬伟大建党精神，始终践行党的宗旨，坚守人民情怀，自觉把个人价值追求融入民族复兴、国家发展的伟大实践，自觉把个人理想抱负化为励志图强、建功新时代的实际行动。

1　方志敏：《死！——共产主义的殉道者的记述》（1935年5月25日），载《方志敏全集》，人民出版社2012年版，第159—160页。

方志敏与闽北苏区*

罗永胜　张金锭　方晓萍

方志敏，江西弋阳人，1924 年 3 月加入中国共产党。1928 年 1 月，他与邵式平、黄道领导了著名的弋横起义，创建了赣东北革命根据地，毛泽东称之为“方志敏式”根据地。在土地革命烽火燃烧的岁月，他以赣东北省苏维埃政府主席、红十军代政委身份，两次率红十军进入闽北苏区诞生地——崇安（今武夷山）作战，与闽北结下了难以割舍的革命情缘。

苏区合并与闽北红军回师

在党的八七会议精神指引下，根据中共福建省委的部署，崇安县委于 1928 年 9 月和 1929 年 1 月，领导了两次崇（安）浦（城）

* 本文原载于《红土地》2021 年第 10 期。

农民武装暴动，建立了上梅、黄龙岩和吴三地三块武装割据地，并于 1929 年 10 月组建了中国工农红军第五十五团，红旗漫卷武夷山下。1930 年 4 月，党中央给福建省委的指示信强调，福建“全省总暴动的前途，一定要决定于全国革命发展的形势”，“福建全省总暴动必须与广东、江西配合，才能取得胜利的保障，才能取得发展的前途”。[1]福建省委为实现党中央的决策，多次指示闽北党组织积极向江西边境发展，派省委秘书长杨峻德组建闽北特委，领导闽北革命斗争，建立苏维埃政权。在杨峻德的领导下，崇安县委全面部署了苏维埃政权的建设工作，1930 年 3 月，崇安全县除县城和南部一些村镇外，自下而上地建立了区乡苏维埃政府。4 月 12 日，崇安县临时革命政权——崇安县革命委员会成立。5 月 1 日，在福建省委发起“红五月工作”的高潮中，崇安县第一次工农兵代表大会在上梅召开，代表着 20 多万人民利益的闽北第一个县级苏维埃政权——崇安县苏维埃政府成立，其下辖崇安大部、建阳北部、浦城西部和江西上饶、广丰、铅山南部的广大地区，成为地跨闽赣两省的苏维埃政权。

同年 7 月 25 日，福建省委巡视员邱泮林来到崇安。27 日召开

1　《中央给福建省委指示信——工农兵运策略与五一示威准备工作》，载中共福建省建阳地委党史办、福建省建阳地区档案馆编：《闽北党史文献》第 1 集，1983 年，第 198 页。

中共崇安县委扩大会，邱泮林传达了党中央将闽北、赣东北两块革命根据地合并及党中央调闽北红军到赣东北组编红十军攻打大城市与福建省委关于党、团、工会合并成立行动委员会的决定。10月5日，李静愚、李克敌率领闽北崇安红军五十五团和教导团1500多名战士开赴赣东北，编入方志敏领导的红十军。至此，闽北革命根据地的党组织和红军正式划归赣东北省委领导，闽北、赣东北两块根据地正式合并，为以后的闽浙赣革命根据地奠定了基础。

然而，此时正值蒋介石发动全国性的反革命“围剿”，国民党福建省防军钱玉光旅与汤恩伯部两个团互相配合进攻闽北。闽北苏区的形势顿时紧张起来。方志敏想闽北苏区所想，急苏区军民所急，立即将红十军中部分闽北籍士兵组成闽北红军独立团，派谢春钱、邹琦分别担任团长和政委，率领独立团于1931年1月来到崇安县坑口乡，给苏区军民收复失地带来了信心。邹琦根据赣东北省委和方志敏主席的指示，在坑口成立了中共闽北分区委、闽北分区革命委员会、闽北分区军事委员会和共青团闽北分区委，由肖韶任闽北分区委书记，邹琦任革委会兼军委主席，黄富武任共青团闽北分区委书记。7月，又成立了闽北分区苏维埃政府。由此，闽北根据地成为“方志敏式”根据地的重要组成部分。

一进闽北

1931 年仲春，国民党发动了对中央苏区的第二次反革命军事“围剿”，国民党福建省防军钱玉光旅和福建海军陆战队林秉周旅发起对闽北苏区的进攻，闽北苏区处于危急时刻，大片苏区土地被国民党军占领。2 月 15 日，红军闽北独立团为保卫坑口，在梭罗洋（张山头附近）与敌军激战，团长谢春钱壮烈牺牲，不久，方志敏派遣的新任团长潘骥也在梭罗洋战斗中英勇牺牲。各地民团实行疯狂的“清乡”活动，借机敲剥苏区群众，杀戮红军干部家属。方志敏应中共闽北分区委请求，亲率红十军开赴闽北苏区首府的崇安作战。4 月 27 日红十军经上饶，渡过信江河，一路急行军，翻越群山拥抱的温岭关，于 4 月 28 日到达崇安坑口，与闽北红军会合。

4 月 30 日，红十军首战长涧源，打掉距坑口 5 华里的长涧源，消灭敌人一个连，扫除闽北分区驻地前沿的敌碉堡。5 月 3 日凌晨，红十军由闽北红军配合，围攻崇安商业镇赤石镇，与国民党海军陆战队林秉周旅激战 3 个多小时，击溃敌人，占领了赤石镇。战斗结束，赤石镇锣鼓齐鸣，鞭炮不断，群众夹道相送红十军，体现了红十军和崇安苏区群众的鱼水深情。红十军此行武夷山作战，前后打了 11 次仗，仗仗皆胜，重创了敌军主力，奠定了以崇安为中心的闽北苏维埃政权和红军向前胜利发展的基础。

5 月 7 日，红十军在崇安坑口休整，方志敏为牺牲的红军指战员召开追悼大会，寄托哀思，并在坑口村一座土墙上写下“中国红军万岁”6 个大字，时至今日字迹仍光彩熠熠。随后，红十军满载战利品撤离坑口，班师回赣东北根据地。

情系张山头

张山头村，位于崇安县洋庄乡小浆村的山上，海拔 758 米，有一条古道通往江西，山高路险，易守难攻，地理位置十分重要。当时这里只有几十户人家，家家都懂得用草药治病疗伤。根据武夷山史志记载，上梅暴动期间，崇安党组织在此设立红色医院（疗养所），将在暴动中受伤的人员送到此地疗伤。1931 年底，闽北分区委书记黄道效仿中央苏区的做法，将张山头红色医院发展为闽北红军中医院。此院长期坚持在张山头为红军、苏区干部群众和赤卫队员服务，有力地支持了闽北苏区革命斗争的开展。

据闽北分区苏维埃政府妇女部长童慧贞回忆，方志敏第一次率领红十军攻打赤石街时有几百名红军战士受伤，闽北分区委将伤病员送往张山头红色医院治疗，坑口区派了800多名妇女在此院照顾伤病员。方志敏的爱人缪敏在《红十军第一次进军闽北散记》中也回忆道，“在打赤石街时，许多同志受了伤，方政委都亲自到他们身边去慰问……伤员们很为感激。当红十军决定回赣东北时，准备把伤员留下，于是方政委又随带公款和两挺花机关枪，前往医院慰问。当时我军的红色医院就设在崇安张山村头，这是一座高山，周围是密密的树林，只有几十户人家……方政委穿着一身灰色军装……他看见伤员们一个个苍白的脸，就和蔼地走到他们身边，蹲下来问这问那，还不时的抚摸他们，安慰他们。后来，所有的伤员都集中在重伤号的房子里，方政委向他们讲了话‘亲爱的伤员同志们！你们在这次入闽作战中，英勇战斗，光荣负伤了。请你们不要难过，安静地修养吧！’……‘……希望你们好好修养，我们不久一定把你们接回江西去。你们的家属，政府也会照顾，你们在这里不必挂念。也不要怕，我们现在留一个特务营在这里保护医院。你们安心修养吧！’……最后，方政委还是给每个伤员都发了一些钱。最后他说了声‘祝大家早日痊愈’，才离开病室。伤员们都感动地说：‘方政委这样关心和爱护我们，我们就是死了也是甘心的。方政委真比自己的爹娘还亲。’”[1]

方志敏说到做到，他率领红十军返回赣东北时，把最能打仗的由黄立贵任营长的军部特务营留在闽北，闽北分区委以此营为主，重新组建红军闽北独立团，黄立贵任团长。1931 年 6 月 14 日，红军闽北独立团在人民群众的配合下，第一次解放崇安县城，实现了方志敏要解放崇安城的心愿。在黄立贵的领导下，红军闽北独立团发展为红军闽北独立师，先后编入红七军团二十师五十八团和新四军第三支队第五团。

由于张山头红军中医院存续时间较长，加上战争的残酷及医疗条件较差，医治无效死亡和战争牺牲的人越来越多，从而在红军中医院后山形成了红军墓群。自 2016 年以来，武夷山市委、市政府都会组织人员前往张山头祭奠先辈英灵，社会各界人士也会自发来此以不同形式举行祭奠活动。2016 年 12 月，张山头红军中医院被列入全国红色旅游经典景区名录。2018 年、2019 年，张山头红军墓群先后列入第九批福建省重点文物保护单位和第八批全国重点文物保护单位，张山头已成为全国关注的红色基因教育点。

1　缪敏：《红十军第一次进军闽北散记》，载《红旗飘飘》选编本第 2 集，中国青年出版社 1979 年版，第 114—116 页。

二进闽北

为了执行赣东北省委“从争取战争的胜利中来扩大闽北苏区，特别着重打通闽北与赣东北两个苏区的联系”的重大使命，方志敏率领红十军于1932年9月14日，经闽赣边的分水关进入闽北苏区首府的大安，方志敏与黄道久别重逢，共同决定“三个”战事：第一仗再度打下赤石商业重镇，第二仗打下星村茶叶重镇，第三仗打下浦城县城。

方志敏率领红十军两次挺进闽北苏区作战，军事上，消灭国民党军3个团又1个营，挫伤了闽北敌人的元气；政治上，收复了全部失地，开辟了大片新区，稳定了以崇安为中心的闽北苏区局势；经济上，缴获黄金3000两、银圆10万元，筹款50余万元，获得苏区紧缺的药品、食盐、布匹等物资。红十军两进闽北战绩辉煌，影响重大，显示了方志敏军事家的英雄本色。

方志敏的清贫家风*

1935年，方志敏英勇就义时，只有36岁。他的一生是短暂的，但他对中国革命的贡献却是巨大的。他领导创建了赣东北根据地和红十军，把马克思主义与赣东北实际相结合，创造了一整套建党、建军和建立红色政权的经验，毛泽东称之为“方志敏式”根据地。他在狱中用敌人提供劝降的纸笔，写下了《可爱的中国》《清贫》《我从事革命斗争的略述》等动人篇章，饱含着对党、对祖国、对人民的爱，是党的宝贵精神财富。

方志敏以共产党人高尚廉洁的品格，始终站在党和人民的立场处理家庭、亲友关系，亲人们都坚定地支持他的革命事业，子女晚辈也继承先辈遗志，弘扬清贫家风。

---

* 本文原载于《福建党史月刊》2017年第2期。

共产党的“官”绝不能徇私搞特殊

方志敏曾担任中华苏维埃中央主席团委员、党中央委员、闽浙赣省苏维埃政府主席、红十军政委等职，可谓身居高位、手握大权，又掌握着巨额公款。然而在他心目中，共产党的“官”应有的不是什么享有特权的荣耀，而是为党的事业奋斗的使命。在工作和生活中，他始终严于律己，对家属亲友同样公心可鉴。

方志敏在家乡江西领导革命时，国民党当局视之为心腹大患，他的亲属成为受迫害的主要对象。大伯惨遭国民党杀害，家族的房屋先后被烧毁10余次，日常生活非常艰难。有一次，方志敏的婶婶带着他的母亲金香莲，走了几十里山路找到方志敏，想让他拿点饷银给母亲做条裤子，再给婶婶买点食盐。看到自己的母亲，方志敏感到非常难过。一来自己常年在外行军打仗，没有片刻空闲侍奉双亲，二来他兄弟二人都在部队，家里田地缺耕少种，自己却没有一分钱补贴家用。他只好含泪告诉母亲：“我是省苏维埃主席，可当的是穷人的主席。饷银嘛，将来会发，现在没有。家庭生活困难我也知道，但都是暂时的艰苦，将来会过上好日子的。”

1931年的一天，方志敏的朋友景德镇商会会长陈仲熙到横峰县葛源镇，事情办完后便来到方志敏家。他随身带了一块墨绿色平绒布，说是给方志敏的夫人缪敏的见面礼。缪敏拿着布想让丈夫买下来，谁知方志敏一听面色骤变，他取布上马，冲妻子大声说：“花钱买也是变相受贿!”说完策马飞奔，赶上了陈仲熙，原物奉还。缪敏觉得很委屈，大哭了一场，方志敏回来后，劝慰她说：“谁让你是我方志敏的妻子呢?”

有一次缪敏被捕，方志敏的妻兄向他要400大洋保释。方志敏却说，苏维埃政府的钱来之不易，要尽量节约，400大洋留下来，可以做许多事，还是另想他法吧。最后还是在朋友们的帮助下，救出了坐了40多天牢的缪敏。

方志敏对亲人不徇私、不搞特殊，得到了亲人的理解，他坚持革命斗争的精神更是得到了亲人的支持。这些亲人中，有为革命献出两个儿子生命的坚强母亲金香莲；有在敌人狱中割爱卖儿救侄儿的胞姐方荣；有血洒战场的模范红军团长胞弟方志慧；有为家乡农运献身的农民领袖堂兄方远杰；有清贫一生干革命的堂弟方志纯；有在危急关头“扮演”方志敏，使他得以脱身的堂弟方远雷；有在险恶环境中以生命救助红军军团长脱险的堂弟方远贵；等等。他们，正如方志敏写的那样：“为着阶级和民族的解放，为着党的事业的成功……我能舍弃一切，但是不能舍弃党，舍弃阶级，舍弃革命事业。”[1]

清贫精神生生不息

“清贫，洁白朴素的生活，正是我们革命者能够战胜许多困难的地方！”[2]这是方志敏的名作《清贫》中的警句，也是他光辉一生的真实写照。

方志敏虽为党的重要领导干部，但他一直过着极为清贫的生活。他描述道：“我从事革命斗争，已经十余年了。在这长期的奋斗中，我一向是过着朴素的生活，从没有奢侈过。”[3]当他被捕遭到敌人搜查时，敌人十分惊讶，像他这样重要的领导人，身上除了一支钢笔和一块旧表外，竟然什么值钱的东西也没有。方志敏曾在被捕后讲述自己的清贫故事，他说：“是不是还要问我家里有没有一些财产？请等一下，让我想一想，啊，记起来了，有的有的，但

1　方志敏：《死！——共产主义的殉道者的记述》（1935 年 5 月 25 日），载《方志敏全集》，人民出版社 2012 年版，第 159—160 页。

2　方志敏：《清贫》（1935 年 5 月 26 日），载《方志敏全集》，人民出版社 2012 年版，第 164 页。

3　方志敏：《清贫》（1935 年 5 月 26 日），载《方志敏全集》，人民出版社 2012 年版，第 162 页。

不算多。去年暑天我穿的几套旧的汗褂裤，与几双缝上底的线袜，已交给我的妻放在深山坞里保藏着……那些就算是我唯一的财产了。”[1]方志敏在狱中写道：“为着阶级和民族的解放，为着党的事业的成功，我毫不希罕那华丽的大厦，却宁愿居住在卑陋潮湿的茅棚；不希罕美味的西餐大菜，宁愿吞嚼刺口的苞粟和菜根；不希罕舒服柔软的钢丝床，宁愿睡在猪栏狗窠似的住所！……”[2]

在方志敏的物质观中，“清贫”不是一般意义上的贫寒，不是“一贫如洗”“家徒四壁”“食不果腹”“衣不蔽体”的生活状态，而是为党的事业和人民群众的利益甘于清苦的一种精神境界。这种“清贫”的家风也一直被他的亲人传承。

方志敏的夫人缪敏参加革命后，一直保持着艰苦朴素的作风。新中国成立后，缪敏回到江西工作，先后担任了上饶地委组织部长兼妇委书记、江西省卫生厅副厅长等职。晚年缪敏主要从事对丈夫方志敏事迹的收集整理工作。1973 年，她将自己积攒的两万元稿费捐献给家乡用于修建圩堤和校舍。

1　方志敏：《清贫》（1935 年 5 月 26 日），载《方志敏全集》，人民出版社 2012 年版，第 163 页。

2　方志敏：《死！——共产主义的殉道者的记述》（1935 年 5 月 25 日），载《方志敏全集》，人民出版社 2012 年版，第 159 页。

用行动告慰英灵

《可爱的中国》是方志敏的遗著，至今读来仍催人泪下，使人奋进。在《可爱的中国》中，方志敏将祖国称作“慈祥美丽的母亲”，在文末，他写出了中国革命的光明前景：“中国一定有个可赞美的光明前途……到那时，到处都是活跃跃的创造，到处都是日新月异的进步，欢歌将代替了悲叹，笑脸将代替了哭脸，富裕将代替了贫穷，康健将代替了疾苦，智慧将代替了愚昧，友爱将代替了仇杀，生之快乐将代替了死之悲哀，明媚的花园，将代替了凄凉的荒地！”[1]

方志敏的女儿方梅第一次读到父亲的《可爱的中国》时，已经为人妻母了。方梅出生于1932年，甫一出生，她就与父母分离。方志敏英勇就义时，方梅才两岁多，只与父亲见过两面。方梅从小生活在农村，直到1949年8月新中国成立前夕，才和母亲团聚。此时的方梅已经17岁，凡穷人家孩子受过的苦难，方梅都经受过。当得知方梅没有上过一天学，缪敏就把她送到烈士子弟学校读书。可方梅不愿意读书，三天两头开“小差”往乡下跑，缪敏痛哭着对

1　方志敏：《可爱的中国》（1935年5月2日），载《方志敏全集》，人民出版社2012年版，第138页。

她说:“如果没有把你培养成有文化的革命接班人，就是没有完成你父亲的遗愿，我对不起你父亲。”这句话深深触动了方梅，从此以后她开始认真读书。

1953年，缪敏把方志敏的遗著《可爱的中国》送给上了4年学的方梅，书页内题写:“梅儿,这本书是你爸爸在狱中用血泪写出来的遗言，你要反复精读，努力学习，用实际行动来纪念你爸未竟的事业!”读了这本书，方梅思想上受到很大震动，她发自内心地说:“父亲没有给我们子女留下任何物质财富，但他给我们留下了极其宝贵的精神遗产。”方梅克服自己文化水平不高和经济条件差的困难,完成了《方志敏全传》和《方志敏和他的亲人们》两部著作，使方志敏烈士的精神得到进一步宣传与弘扬。写书耗费了方梅微薄的积蓄，但她从没有向组织伸过一次手。

“血染东南半壁红，忍将奇迹作奇功。文山去后南朝月，又照秦淮一叶枫。”这是叶剑英同志1940年在重庆读方志敏狱中手书后写下的一首七言绝句，高度赞扬了方志敏坚贞不屈的崇高品德。如今,在方志敏牺牲的地方，人们已经过上了他曾经为之努力奋斗的幸福安宁的生活，“可爱的中国”正展现着“可赞美的光明前途”。

方志敏狱中文稿书写中共党史的四个“第一”*

刘明钢

1934年11月，时任红十军团军政委员会主席的方志敏率部北上。在国民党军队重兵围追堵截之下，北上部队终因寡不敌众而失利，方志敏不幸被捕。1935年2月2日，方志敏等被国民党军警从上饶押往南昌，囚禁于国民党驻赣“绥靖公署”军法处看守所。方志敏并没有因身陷囹圄而停止战斗，在短短6个多月中，以惊人的毅力和顽强的意志，克服种种难以想象的困难，写下了《我从事革命斗争的略述》《可爱的中国》《清贫》《狱中纪实》等一批文稿，把对党、对祖国、对人民的爱化成了血铸的13万文字。不仅如此，这些文稿还书写了中共党史的四个“第一”。

* 本文原载于《党史博采》2014年第9期。

在烈士遗文中具有第一影响力

在新民主主义革命中，无数革命先烈为了人民的利益献出了生命，但其中仅有少数人有遗文存世。在这些先烈遗文中，方志敏的狱中文稿无疑具有第一影响力。

方志敏狱中文稿首次面世是在国外。1935 年 8 月 6 日，方志敏在南昌英勇就义。1935 年 12 月 9 日，在法国巴黎出版发行的《救国时报》创刊号上，首次刊登“抗日烈士方志敏之遗书”，即《我们临死以前的话》。

在国内，方志敏文稿也得到广泛的宣传。1939 年，霞社出版了方志敏的《方志敏自传》(内收《清贫》《可爱的中国》等文)。与此同时，上海还出现以“史社”名义出版的《民族解放先驱方志敏》。这两本书是国内最早出版的方志敏部分狱中文稿的合订本。

1940 年，八路军重庆办事处得到消息，有人手中有方志敏烈士的遗文，经验证系真品，于是花重金买下。这篇失而复得的文章便是《我从事革命斗争的略述》。叶剑英读罢，感慨良多，挥笔写下七绝《读方志敏同志狱中手书有感》:“血染东南半壁红，忍将奇迹作奇功。文山去后南朝月，又照秦淮一叶枫。”高度赞扬了方志敏为中国革命作出的巨大牺牲，立下的不朽功勋，并赞颂方志敏是继文天祥之后的又一个顶天立地的时代英雄。

新中国成立后，方志敏的狱中文稿多次再版，特别是《可爱的中国》《清贫》曾被选入中小学课本，成为家喻户晓的传世之作，20世纪50年代，还被翻译成多国文字。

方志敏的狱中文稿，其中《可爱的中国》堪称中国近现代史上的《正气歌》。方志敏是清贫精神的创造者和实践者，他的《清贫》写出“一向是过着朴素的生活，从没有奢侈过”的人生态度，写出了一个共产党员“矜持不苟，舍己为公”的美德，也写出了“清贫，洁白朴素的生活，正是我们革命者能够战胜许多困难的地方”的真理，[1]字字珠玑，掷地有声，是他一生理想和追求的写照，也影响和教育了几代共产党人。

共产党人撰写的第一部苏区史

在遗墨中，方志敏着笔最多的是他的反思。入狱之初，方志敏不仅“感到愁苦和屈辱”，更痛悔由于指挥失误招致军事上的失败。他在文稿中写下了当时的心境。

1 方志敏：《清贫》（1935年5月26日），载《方志敏全集》，人民出版社2012年版，第162、164页。

在《赣东北苏维埃创立的历史》一文序言中，方志敏写道："在没有枪毙以前，我应将赣东北苏维埃的建设，写一整篇出来"，"以供他们的参考。我们做错了的，他们不再做；做对了的，他们可效法做……遇着的困难，看看我们是用什么方法解决的"，"这算是我临死前的一滴努力"。[1]

历史的教训，如骨鲠在喉、不吐不快。于是，方志敏决定把"十余年斗争的经验，特别是这次失败的血的教训"，用笔写出来贡献给党。《我从事革命斗争的略述》就是方志敏在狱中写的第一篇文稿，有六万余字，主要回顾作者从事革命的经历，特别是对赣东北和闽浙赣苏区形成、发展的历程做了抒情的论证和理性的探索。

方志敏是中共早期革命者的代表人物之一。他创建的闽浙赣根据地——这种在本乡本土就地发动农民创建根据地和红军的方式，被毛泽东称为"方志敏式"。

关于弋阳暴动，方志敏在文中写道：听了关于中央八七紧急会议的传达之后，"好不满心欢喜！我急速将十支枪运回，准备秋收暴动，计划先攻下弋阳城，即以弋阳县为根据地——这当然是一种幼稚的盲动主义的幻想。从此，我开始进行土地革命的斗争了"。

1　方志敏:《赣东北苏维埃创立的历史》(1935年6月19日)，载《方志敏全集》，人民出版社2012年版，第196、198页。

“秋暴未成村先毁”，方志敏不屈不挠，重新联系群众，成功地组织了横丰的年关暴动。[1]

开辟根据地的斗争是异常艰难的。方志敏写道：“此时，我们的根据地，只有弋阳九区四十余村，与横丰十余村，纵横不过六七十里。”白军“天天派队围山搜山，弄得我们不但无扎机关之处，连藏身地也难找到。日间不能走路，要在夜间悄悄的走；大路不能行，要找偏僻的小路走；房屋不能住，要躲在树林里、岩石下或水沟里的茅蓬里去住。一天要跑几次兵，晚间躲在茅蓬里睡觉，也得留心警戒，稍一不慎，就有被敌人打死或被俘的危险；环境的险恶和困难，是无以复加。但是，我们是为着主义的信仰，阶级的解放，抱定了斗争到底的决心，所以生活虽然痛苦，而精神还是非常愉快的。愈艰苦，愈奋斗！愈奋斗，愈快乐！”[2]

在《我从事革命斗争的略述》一文中，方志敏详细记录赣东北苏区和闽浙赣苏区从形成、发展到失败的全过程，并有自己的分析与判断。

一部完整的苏区史，必须写于这段历史时期结束之后。因此，

1　方志敏：《我从事革命斗争的略述》（1935 年 3 月），载《方志敏全集》，人民出版社 2012 年版，第 37、38—49 页。

2　方志敏：《我从事革命斗争的略述》（1935 年 3 月），载《方志敏全集》，人民出版社 2012 年版，第 46—47 页。

写于闽浙赣根据地刚刚丧失之际的《我从事革命斗争的略述》，无疑是苏区史的滥觞之作。

第一次诠释苏区精神

近些年来，研究和弘扬革命精神的活动蓬勃发展，成果丰硕。许多专家学者也都在革命精神研究方面倾注了大量的精力，对在革命、建设、改革开放历程中产生的革命精神进行了研究总结，将革命精神的内容不断地丰富和发展，提出了许多新的概念，如苏区精神、井冈山精神、长征精神、延安精神、西柏坡精神等。然而，在中国共产党党内，谁是研究中国革命精神的开拓者、前驱者呢？

据考证，第一个诠释中国革命精神的人是方志敏，他的《我从事革命斗争的略述》一文开创了诠释中国革命精神的先河。全文共 31 节，其中第 27 个小标题为：苏维埃模范省的荣誉。方志敏在这节中写道："我自一九三〇年当任苏维埃工作，直到一九三四年都未有更换过，足足做了四年之久，自然做了不少的工作。关于赣东北苏区的各种建设，假若还有时间的话，当另写一专篇，此处怎样也不能详述出来，现在只讲下列各件事情。"其后，方志敏并没有写“各件事情”，而是极为罕见地总结了苏维埃精神层面的内容，将苏维埃精神的基本内涵概括为：民主精神、创造精神、进步精神、刻苦精神、自我批评的精神以及“与工农群众联成一片”的精神，并做了具体的分析与说明。[1]该文虽没有提出“苏区精神”这个概念，但从这些内容来看，实际上就是对苏区精神基本内涵的概括与总结。

中国共产党历来注重精神力量的培养和运用，然而，由于斗争任务紧迫，一个接一个，老一辈革命家往往无暇对革命精神进行研究与总结。而且，在一般情况下，总是先有事实，后形成概念，比如，苏区精神在土地革命战争时期就已形成，但苏区精神这一概念的出现却是新中国成立之后的事。在这种情况下，写于1935年的《我从事革命斗争的略述》开创了中共党内研究革命精神的先河。方志敏就是革命精神研究的开拓者、前驱者！

著文披露国民党监狱黑暗的第一人

在狱中文稿中，揭露国民党黑暗统治的文字比重很大。尽管方志敏在狱中得到当局别有用心的“优待”，但他仍心如刀绞，寝食

1　方志敏：《我从事革命斗争的略述》（1935年3月），载《方志敏全集》，人民出版社2012年版，第83—85页。

难安。“自入狱后，亲眼看见囚人们憔悴黄瘦的嘴脸，亲耳听到囚人们的悲叹与哀号，亲身受到一切残酷的待遇，迫得我不能不在未被法西斯蒂匪徒们残杀之前，将狱中情形，描写出来，使全国红军和革命的工农群众，知道他们同生死共患难的战友们，正在国民党监狱内，挨日子，受活罪，更加激怒起来，加紧奋斗，迅速摧毁国民党的黑暗统治，为一切被枪杀，被斩首，被活活地折磨而死的战友们复仇!”[1]于是，他写了《死！——共产主义的殉道者的记述》《狱中纪实》《记胡海、娄梦侠、谢名仁三同志的死》等披露国民党监狱黑暗的文章。其中，《狱中纪实》有1.2万字。

在《狱中纪实》一文中，方志敏写道：“监狱是苦痛的堆场，是病菌的酵室，是黑暗的深渊，是‘死之家’，是‘石造的柩’，它是建筑在被统治阶级的赤血与白骨之上的。”《狱中纪实》“专来叙述三等号囚人们的生活情形”，因为“三等号的囚人们，才真是苦极无告的。他们像落在热锅里的蚂蚁一样，辗转挣扎，死完了才算。”[2]

文章记载了国民党监狱虐待犯人的诸多方面，最令人刻骨铭心

1　方志敏：《狱中纪实》（1935年6月9日），载《方志敏全集》，人民出版社2012年版，第170页。

2　方志敏：《狱中纪实》（1935年6月9日），载《方志敏全集》，人民出版社2012年版，第170、173—174页。

的是疾病对犯人的摧残。方志敏写道：“在这样的牢栊里，你就是一只铁汉，也要病倒！疾病是比饥渴虫虱更可怕的灾祸。在《水浒传》上写的，每个新犯都要打下几十‘杀威棒’，现在，这里虽不打‘杀威棒’，但疾病却比‘杀威棒’厉害百倍！‘杀威棒’只打得你皮破血流，疾病却使你肉消血竭！二等号的囚人，病者占百分之五十以上，三等号的囚人，病者占百分之九十几以上，不病的只有几个人而已！”[1]

“在三等号中，这骷髅般的人，举目皆是，浮来漂去，苦极无告！尤其是那些病者垂死之时，呼父号母，呼兄号弟，辗转哀叫，惨不忍闻！尿屎都屙在身上和栊板上，自己就在尿屎中，爬着，滚着，抓着，摸着。没有医生医治，也没有一点水喝，就让他哀叫一二天，断气才算。中央区有几个区苏主席，都是这样磨死的，如不是亲眼看到，真不相信人世间尚有如此悲惨事！病死人，简直不算一回事，一天死三个四个，也不算什么，死一二个，那就算是好日脚了！”[2]

在长期的革命斗争中，有被捕入狱经历的革命者大有人在，但

1　方志敏：《狱中纪实》（1935 年 6 月 9 日），载《方志敏全集》，人民出版社 2012 年版，第 178—179 页。

2　方志敏：《狱中纪实》（1935 年 6 月 9 日），载《方志敏全集》，人民出版社 2012 年版，第 179 页。

他们绝大多数没有写作的条件。方志敏不仅身陷囹圄六个多月，耳闻目睹了监狱的血腥与残忍，而且争取到自由创作的条件，最重要的是具有强烈的写作欲望与激情，因此，方志敏成为著文披露国民党监狱黑暗的第一人。